泰山学院学术著作出版基金资助出版

基于公共预算构建的我国参与式预算研究

The research on participatory budgeting based on the construction of public budget in China

刘 斌／著

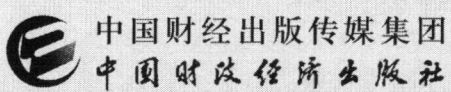

中国财经出版传媒集团
中国财政经济出版社

图书在版编目（CIP）数据

基于公共预算构建的我国参与式预算研究／刘斌著．—北京：中国财政经济出版社，2018.12

ISBN 978-7-5095-8685-3

Ⅰ.①基… Ⅱ.①刘… Ⅲ.①国家预算－预算制度－研究－中国 Ⅳ.①F812.3

中国版本图书馆 CIP 数据核字（2018）第 281892 号

责任编辑：高树花　　　责任印制：刘春年
封面设计：孙俪铭　　　责任校对：黄亚青

中国财政经济出版社 出版

URL：http://www.cfeph.cn

E-mail：cfeph@cfeph.cn

（版权所有　翻印必究）

社址：北京市海淀区阜成路甲 28 号　邮政编码：100142

营销中心电话：010-88191537

北京财经印刷厂印装　各地新华书店经销

710×1000 毫米　16 开　12.5 印张　250 000 字

2019 年 3 月第 1 版　2019 年 3 月北京第 1 次印刷

定价：58.00 元

ISBN 978-7-5095-8685-3

（图书出现印装问题，本社负责调换）

本社质量投诉电话：010-88190744

打击盗版举报热线：010-88191661　QQ：2242791300

前　言

财政的基石——预算，或者说公共预算，其运作并非只是公共资金的流动和公共资源（财富）的转移，更切实反映着国家的治理理念和公共政策的执行状态。可以说，公共预算不仅关系着国家和老百姓的钱袋子，也关系着国家治理、民主政治和公民权利的实现。也就是说，公共预算其本身就是国家治理体系和治理能力现代化的重要组成部分。虽然我国的公共预算改革在各个方面都已经取得了长足的进步，但是与现代化或者现代意义上的公共预算相比，我国的公共预算体系还不完善，还存在着"前预算国家时代"的行政绝对主导、责任主体不明确和权力制衡不严谨等问题，另外在预算透明化、公开化和法律制度化等方面也存在着明显不足。

在我国，一直以来涉及技术层面的公共预算改革较多，涉及体制机制层面的公共预算改革非常缺乏。随着深化改革方案的出台和新预算法的实施，社会各界对公共预算改革给予了很多期待。可以说，推进公共预算改革已经是我国深化体制改革的重要内容之一，已经是大势所趋、民心所向。2014年新预算法修订通过，是我国公共预算改革的里程碑，也标志着公共预算已经成为约束政府执政行为的重要工具。

在世界范围内看，参与式预算的兴起、推广和发展不过短短几十年，还不具备十分成熟的理论规范和实践模式，对参与式预算的理论基础、内涵机理、逻辑原则、运行模式和机制绩效的研究仍然不足。正因为如此，对参与式预算的理论分析和实践经验的研究总结，对参与式预算内涵、发展趋势、制约条件、运作模式和推广思路的研究与探索，就具有十分重要的价值和意义。

参与式预算，其价值核心是通过"预算参与"实现公共预算的公共性、民主性、科学性、法治性和有效性。自公共预算诞生以来，其专业性和技术性往往被认为是普通公民不可企及的，正因如此，预算科学与预算民主之间的矛盾也被认为是难以调和的。即使存在预算民主，也只能是专家学者们之间的讨论。但是，在当前的参与式预算实践中，预算民主与预算科学的严格界限已经开始松动，并呈现出互相融合、互相促进的发展趋势。参与式预算具有丰富的内涵与外延，涉及预算和财政、民主政治、公众参与、政治体制、经济体制、司法体制等多重维度。参与式预算是公共预算的重要实现形式之一，是公共预算的重要组成部分，但不是公共预算的全部内容。尽管参与式预算具有自身不可调和的固有的局限性，但是总结国内外参与式预算实践的经验教训，按照其逻辑原则和内在规律创造条件去规避参与式预算的固有局限性，并在理论建构与实践模式方面进行总结和探索，有助于促进参与式预算和公共预算体系的发展与完善，也有助于推动我国国家治理、经济社会和公共财政的转型发展。

本书以基层政权的参与式预算作为研究对象，通过对国内外相关参与式预算理论和实践的系统分析，总结并研究了国内外参与式预算实践中的经验教训，并结合我国国家治理转型、公共财政建设和公共预算改革的现实需要，进而提出了适合我国政治体制与经济社会现状的参与式预算发展和完善的思路原则、运行机制、配套改革等。本书研究探索性地运用多学科知识对参与式预算进行系统思考，深入研究了参与式预算的理论依据、内涵机理、发展原则、自身局限、制约因素、经验教训、运作模式、制度需求和发展改革趋势等，研究成果在一定程度上弥补了国内外研究的不足。本书对参与式预算实践发展动因的研究，能够为我国参与式预算发展进程提供理论支撑和经验借鉴。本书对参与式预算发展和完善的条件研究，也能够为我国其他地区创造条件推进参与式预算发展提供有效的现实支撑。

总之，参与式预算是公共预算改革的重要实现形式之一，是公共预算改革的重要组成部分，也是完善国家治理和推进治理能力现代化的有益探索。那么，以参与式预算发展和完善的深入推进，切实促进我国公共预算改革的实践进程，是公共财政建设和国家治理转型的大势所趋。

作者
2018 年 10 月

目　录

第一章　绪论 ········· 1
第一节　选题背景 ········· 1
第二节　选题意义 ········· 11
第三节　研究现状综述 ········· 13
第四节　研究方法与思路 ········· 21
第五节　创新和不足 ········· 26

第二章　参与式预算实践的主要理论基础 ········· 32
第一节　参与民主理论 ········· 32
第二节　公共治理理论 ········· 38
第三节　公共产品理论 ········· 41
第四节　公共选择理论 ········· 44
第五节　信息和博弈理论 ········· 48
第六节　财政分权理论 ········· 50

第三章　参与式预算的内涵及相关要素研究 ········· 53
第一节　参与式预算兴起和发展的原因探讨 ········· 53
第二节　参与式预算的内涵研究 ········· 56
第三节　参与式预算的过程中参与动因分析 ········· 60
第四节　参与式预算的发展原则 ········· 65
第五节　参与式预算的自身定位 ········· 69
第六节　参与式预算兴起和发展的必备条件 ········· 73
第七节　参与式预算的功能和前景 ········· 77

第四章　国外主要参与式预算实践分析及启示 …… 81
第一节　巴西参与式预算实践 …… 81
第二节　美国参与式预算实践 …… 90
第三节　德国利希滕贝格参与式预算实践 …… 94
第四节　其他国家参与式预算模式简要分析 …… 96
第五节　国外参与式预算经典模式的启示 …… 97

第五章　我国参与式预算实践的主要模式分析 …… 102
第一节　我国参与式预算的主要模式分类 …… 103
第二节　温岭参与式预算模式 …… 106
第三节　焦作参与式预算模式 …… 115
第四节　闵行参与式预算模式 …… 120
第五节　我国主要参与式预算实践模式的评述 …… 123
第六节　我国参与式预算主要实践模式的意义及经验 …… 129

第六章　我国参与式预算实践的问题及原因研究 …… 133
第一节　我国参与式预算实践存在的问题 …… 133
第二节　我国参与式预算实践问题的原因剖析 …… 140

第七章　构建我国参与式预算的思路、原则和机制 …… 151
第一节　构建我国参与式预算的基本思路和原则 …… 151
第二节　构建我国参与式预算的运行机制 …… 157

第八章　构建我国参与式预算的配套改革 …… 174
第一节　打造参与式预算实践的法治环境 …… 174
第二节　推进公共财政和公共预算的深化改革 …… 177
第三节　推进国家治理现代化进程 …… 181

参考文献 …… 186

第一章

绪　　论

本书以基层政权的参与式预算作为研究对象，基本思路是通过对国内外主要参与式预算实践的基础理论和实践模式的梳理，系统总结出参与式预算的发展原则、逻辑机理、限制条件和内涵特征等，并通过系统梳理全球范围内主要参与式预算实践的经验教训，并且结合我国国家治理方式转型、公共财政建设和公共预算改革的现实需要，进而提出适合我国政治、经济、社会发展情况的参与式预算改革的基本思路和其完善发展的运行机制。

第一节　选题背景

公共财政是国家治理的基础和重要支柱，而预算又是公共财政的基石和国家治理的命脉。资源是具有稀缺性的，尤其是公共资源更是如此，当这种稀缺性与公民无限诉求之间存在矛盾时，就必然要求产生对"通过预算参与决定资源如何配置"这一核心问题的思考。公共预算通常关注的是公共资源配置的效率和效益，是整个国家经济社会运转的指挥棒和说明书。在欧美国家现代化进程中，曾经出现过了两次载入史册的国家转型：一是从"领地国家"转型到"税收国家"，二是从"税收国家"转型到"预算国家"。当前，正如学者王绍光研究的结论，我们国家"目前正处于税收国家发展的成熟期，迫切需要向预算国家转型"①。最早的关于"预算国家"的阐述,可在王绍光与胡鞍钢合著《中国国家能力报告》中找到大量论述,这一概念已经得到国内外众多学者的认可,如马骏、李炜光、郭剑鸣等撰文认可。尽管学术界这一理论概念依然存在不同意见,但是依照此概念进行对公共预算的思考,依然可以得到研究参与式预算的"一扇窗子"。虽有些偏颇,但不乏真知灼见。总而言之,当我们在思考如何运用预算来完成国家任务和实现国家治理时,一个崭新的公共预算时代就已经悄然到来了。

一、参与式预算是全球财政改革的发展趋势

参与式预算是在国家治理和公共预算实践中,展开的一场具有强大生命力的事关预算民主与科学的试验,其兴起和发展的主要动因是经济恶化、财政拮据、公共资源的滥用与低效、官僚主义及民众不满情绪剧增等现实问题。另外,在20世纪90年代开始的新公共管理浪潮冲击下,公民的参与意识、维权意识和责任意识在世界各国普遍觉醒并提升,正因如此,参与式预算已经成为很多国家和地区应对合法性危机和绩效危机的有效改革举措之一。

(一) 全球参与式预算实践的兴起与发展

参与式预算于1989年起源于巴西的阿雷格里港市,随着实践的成功,逐渐扩展到巴西其他城市。自1996年参与式预算在第二届联合国 Habitat 国际会议上,被评为全球最佳政府治理实践之一以来,参与式预算不仅在巴西国内获得了快速发展,还日益赢得了国际社会的广泛关注和普遍认可,由此逐渐扩展到拉美、非洲、亚洲、中东欧的许多国家和地区。自20世纪90年代以来,参与式预算在全球范围内逐渐兴起,大致可以划分三个阶段:1989~1997年,仅在拉美国家为数不多的城市开展;1997~2000年,巩固发展阶段,成为扩展至遍及拉美各国的改革潮流,超过130个城市参与进来;2000年以

---

① 王绍光,马骏. 走向"预算国家"——财政转型与国家建设 [J]. 公共行政评论,2008 (01): 33-39.

后，参与式预算逐渐扩展到北美、非洲、欧洲和亚洲的许多国家和地区，并呈现多样化的发展特征。至今，全世界至少有2000多个地区或者城市开始了此项改革实践。至于美国的预算参与或者预算民主，在有些学者看来，这不是严格意义上的参与式预算。但是，由于美式民主的基本特点，决定了在美国预算过程中，普遍重视公民和社会组织的参与。于是，本书基于公民的参与性是参与式预算最本质特征的这一认识，认为美式预算参与也应该是参与式预算的一种类型。

相比较于现代意义上的公共预算，传统预算基本由各个国家机关、部门在一个相对封闭的环境内完成，公民参与和公共预算的决策、执行和监督等环节断裂。也就是说，公民和社会组织既无法分享由政府主导的政策制定权和预算资源分配权，也无法通过公共预算程序将公民社会的需求传递并反馈给公共预算的决策者。随着理性市场经济的发展、公民社会的日渐成熟、社会治理的创新要求，以及国家治理能力和体系的现代化转型等，各国公民和社会组织迫切需要通过预算参与实现对公共预算和国家权力的控制，这也就是参与式预算兴起和发展的时代背景和重要原因。

（二）我国参与式预算实践的兴起与发展

近几年，随着我国政治、经济和社会改革的不断深入，在全面推广构建服务型政府的趋势下，公民要求政务公开、财务公开、经济民主、公众知情等愿望日益强烈，越来越多的公民开始关注公共财政的参与性、公开性、科学性和民主性，并表现出了参与公共预算的强烈要求。目前我国少数基层地区已经开始让公众和社会组织参与到财政预算中来，如河南省焦作市、黑龙江省哈尔滨市、江苏省无锡市以及浙江温岭市都在借鉴国际经验推行参与式预算试验。

近年来，参与式预算的试验和探索，在焦作市、哈尔滨市、无锡市等基层地方逐渐兴起和发展，也在国内其他基层地区渐有萌芽，并呈现出蓬勃发展的趋势。浙江温岭市从人大监管的层面，实现人大代表的充权并吸纳公众和社会组织的参与，促使人大更好地发挥监督作用，促使人大代表更加深入地参与政府预算的决策、执行和监督的过程。另外，焦作市、无锡市和哈尔滨市在预算编制层面引入公众直接参与的模式。这些实践地区的普遍做法是，借鉴国际经验推行"参与式预算"试验，通过预算信息公开、公民意见汇集、座谈旁听等形式，使公民参与到预算决策、执行和监督的过程。当然，也存在不同的学术声音，譬如有些学者认为我国温岭的参与式预算是一种本土化的创新，而不是从巴西等国直接学习借鉴而来的。甚至在最初计划开展时，也不知道这就是西方国家已经开始实践的"参与式预算"。不可否认，从内涵和实践模式而言，温岭模式和国外模式也大不一样，和国内其他地区的实践模式也不大一样。由此可见，我国各地的参与式预算实践是在全球公共预算改革的潮流下，所进行的"不约而同""英雄所见略同"或者"殊途同归"的公共预算改革探索。

（三）参与式预算实践的发展是大势所趋

在世界范围内看，参与式预算实践已经得到了突飞猛进的发展，其实践价值和意义也逐渐得到了政治家、学术界和公民社会的高度重视。当前，无论是发达国家还是发展中国家，都已经有一些国家（加拿大、意大利、德国、法国、喀麦隆、斯里兰卡等）在逐渐运用参与式预算这一形式去解决国家治理和公共预算领域存在的一些挑战。

自公共预算诞生以来，公共预算就一直披着神秘的面纱，成为普通民众不可企及、无缘参与的神秘领域，甚至也成为暗箱操作十分严重的神秘领域。长此以往，任何一个国家的公共权力都有面临失控的风险，极易产生公共权力滥用、部门利益膨胀、寻租腐败等现象。众所周知，通过公共预算体现出来的是政府对于"做什么与不做什么"的抉择，其实质也就是公共权力对公共资源或者公共资金配置问题的决策。那么，参与式预算或者狭义的公民预算参与行为，对于整个公共预算来说就是处于"牵一发而动全身"的状态，其预算参与足以影响整个国家经济发展和社会进步的程度和方向。由此可见，参与式预算实践的兴起与发展，是全球国家治理和公共预算改革的重要组成部分，是世界公共预算改革的发展趋势，是大势所趋和民心所向。当前，我国的公共预算改革也需要立足当前、放眼未来，顺应世界公共预算改革的历史潮流，通过参与式预算发展和完善的深入推进切实促进我国公共预算和国家治理体系的发展和完善。

二、参与式预算是现代国家治理转型的必然要求

在国家治理层面,预算管理历来是各个国家最基本的职能之一。一直以来,财政制度尤其是预算制度的建构至关重要,这是关乎国家生死存亡的大事。著名学者阿伦·威尔达夫斯基认为,在公共预算过程中无论做出什么样的抉择,都体现着一个国家对于政治权力和社会资源的分配。甚至,我们也可以认为,所有的公共预算其实都只不过是一种手段和工具,这种手段和工具背后的故事才是最重要的,那就是政治家的想法和意图。也即是说,公共预算理应就是一个国家或者地区的重大治理问题。

(一) 公共预算改革是国家治理改革的突破口和主战场

公共预算转型在很大程度上引导着国家治理能力和体系的转型。公共预算,其"本质是政治,而非单纯的技术问题,无论是哪一种类型的国家,都必须汲取财政资源并按一定的方式进行支出,一旦国家的财政制度发生改变,在很大程度上,国家的治理制度也会随之改变"①。也可以大胆地说,一个国家和地区的国家治理的水平、能力和潜力,在一定程度上就来自并取决于这个国家和地区的预算能力。我们知道,公共预算是使用现代预算制度对国家财政进行的财政集中和预算分配的过程。经济学家阿图·埃克斯坦深刻认识到了公共预算在整个国家经济社会中的重要意义,并在其著作《公共财政学》一书中做出了深刻的阐述,"如果你想了解联邦政府在过去的一年里都干了些什么,或者,在未来的一年里将要干些什么,那么,你只要看一下联邦预算就足够了;为什么这样说呢?因为政府做任何事都要花钱,而整个社会的财政资源是有限的,不能无限制的花,这就需要通过公共预算来规划在接下来的一年内或者数年内如何通过合理的收支安排,使得有限的资源得到最充分的利用,以达到效用最大化"②。

---

① 陈家刚. 参与式预算的理论与实践 [J]. 经济社会体制比较, 2007 (02): 26.
② 林敏, 余丽生. 参与式预算影响地方公共支出结构的实证研究 [J]. 财贸经济, 2011 (08): 26-32.

公共预算通过对公共资金、公共资源（财富）的分配和使用，实现了对公共生活的政治性的意图导向、目标安排和程序设计。正如著名预算学家爱伦·鲁宾所认为的："公共预算不仅仅是技术性的，它在本质上是政治性的；其政治性的一个重要方面就是预算的民主性和参与性"①。美国学者 Wildavsky 指出，如果一个国家和地区不能进行预算，那么这个国家和地区，又怎么能够行使有效地治理呢？随着公共预算改革的不断深入，公民越来越注重预算参与权的实现，要求预算公开信息，追求预算话语权，关心自己及公共利益的实现。另外，通过公共预算制度的变革，也可以有效地引导或者推进引导国家治理转型和治理能力的现代化。由此可见，在国家治理的过程中，公共预算制度的构建是个非常重要的环节。

（二）参与式预算改革是推进和深化政府改革的利器

参与式预算其价值核心是通过预算参与实现公共预算的公共性、民主性、科学性和法治性。公共预算也并非只是资金的流动和财富的转移，更切实反映着政府的治理理念、公共政策的执行状态。如果说，公共预算是形形色色的政纲宣传、口号路线背后最为真实最为露骨的权力角逐。那么，参与式预算改革，并非只是一个纯粹的技术性改革或者预算程序的完善，更具有深刻的政治含义，如果参与式预算改革不能与社会变革力量和公共权力相互影响、相互促进，政府改革就难以实现其目标。也就是说，作为国家治理重要工具的参与式预算，其发展完善与政府的改革完善存在着密切的关系。一方面，公共预算建设和参与式预算改革直接决定着政府改革的质量；另一方面，公共预算建设和参与式预算改革能够从根本上保证政府职能在市场经济条件下的转变和调整；通过公共预算建设和参与式预算改革可以实现政府职能的有效定位和自我归位，并能够有效防止政府职能的越位、错位和不作为。

建设一个现代化、服务型、责任型的政府，就需要政府切实履行好为全社会提供公共产品和服务的基本职责，这也是政府执政能力高低的集中体现。参与式

---

① 陈家刚．参与式预算的理论与实践 [J]．经济社会体制比较，2007（02）：26-33.

预算根据公共目标的重要性，通过确定公共资源和资金分配、使用和执行的优先顺序，将公共资源在相互竞争的公共需求之间进行有效分配，能够实现对公共资源使用效用的最大化和最优化。如果能够在公共预算过程中，引入规范的民主参与和公众监督，更能有助于将公共资金和资源有效地配置到国家发展和公民诉求最需要的地方。由此可见，通过参与式预算的发展和完善，可以有效提升国家公共资金和资源投入、分配和使用水平，进而可以有效地推进和深化政府的各项改革。

（三）参与式预算改革在推进国家治理中作用重大

参与式预算包含国家治理最重要的决策程序和机制，是民主政治进程中的题中之意和重要组成部分，也是有效实现社会公平正义的重要途径之一。另外，也只有让公民和社会组织积极主动参与到公共财政预算的编制、审议、执行和监督的过程中去，才能实现"以社会制约公共权力、以社会监督公共权力"的政治生态环境，也才能有效地提高国家治理效能和防止腐败现象的发生，这本身就是国家治理转型的基本内容。

纵观国际上各个主要市场经济国家和地区，它们在推进财政改革进程中，大多是在推进预算国家构建中取得成功的。正如学者 Kahan 经过系统研究所强调指出的，公共预算绝对不仅仅是国家资源配置的工具和手段，它还是维系社会公共生活、国家制度以及两者之间关系的制度建构。"在预算配置的过程中，必然会产生公共物品优先权的取舍问题，即先办哪些，后办哪些；公众偏好的显示、转换、集合和统一与公共预算的效率直接相关，但对于公众偏好如何显示、集合、转换和统一，这一直是福利经济学和公共财政学中一个众说纷纭、莫衷一是的问题"[①]。当前，在世界范围内广泛兴起并发展的参与式预算实践，用严格的程序设计和精良的新技能与新策略，非常有效地思考并探索性地对这一问题做出了回答。由此可见，参与式预算的发展和完善是现代国家治理的基本要求之一。

---

① 牛美丽. 公共行政学观照下的定性研究方法 [J]. 中山大学学报, 2006（03）: 36.

三、参与式预算是完善我国公共预算的必然要求

当前,学术界已经普遍认为公共预算理应就是一个公开的、系统的预算过程,包括编制、审议、批准、执行和监督等一系列步骤,是一个民主、公开和透明的过程,也是一个法治和参与的过程。相应地,国家预算也不再仅仅是作为国家行政管理工具和手段而存在的政府预算,而是成为涉及各个国家利益相关方的公共预算。在我国,从国家预算到公共预算的理念转变,即已经不再把国家预算仅仅看成是国家事务,更把国家预算看成所有公民及组织的公共事务,更加看重国家预算具有公共性,进而强调对公共权力的预算约束,在一定程度上也决定了参与式预算已经成为完善我国公共预算的必然要求。

(一) 我国公共预算改革的进程回顾

自"1992年中国开始实行市场经济改革后,建立一个现代的公共预算体制来改进财政状况的要求,变得越来越强烈;1994年颁布的《预算法》,在一定程度上为建立一个新的预算体系奠定了法律基础"[①]。1998年正式提出建构公共财政的基本框架,公共财政要求与之相适应的公共预算体系,公共预算改革随之启动。之后预算改革的成效不断显现,公共财政逐步规范,预算的约束性和权威性也得到逐步确立。1999年启动了一轮重新构造预算编制和执行过程的改革,其主要内容如下:(1) 部门预算改革,推进以零基预算为基础的部门预算,其范围包括了部门的所有收入和支出;(2) 国库集中收付制改革,推进以国库单一账户为核心的集中型管理体制改革;(3) 政府采购,推进建立并完善了集中、公开且透明的政府采购体制,通过在政府采购中实行集中控制,进而将财政部门转变为核心预算机构,有效实现了对部门采购的外部控制。在某种意义上讲,此轮改革是预算管理手段与技术层面的改革,建立了比较系统的以提高资金效率为目标的预算管理体制。在2007年,国家推出了以政府收支分类和细化预算编制

---

① 马骏. 中国预算改革的政治学:成就与困惑 [J]. 中山大学学报, 2007 (05): 36.

为主要内容的预算改革。但是，以上"这些改革主要以加强对预算的行政内部控制为目标，是政府自身的自我革命"①，然而单单靠政府的自我革命是不够的，这就对公共预算的民主化和透明化提出了改革要求。

2014年新的预算法修正案通过，这对于构建法治政府、推动国家治理能力和体系的现代化具有极为重要的意义。至此，新的预算法在善治的这个支柱方面进步显著。可以说，新预算法修订通过，是我国公共预算改革的里程碑，也标志着公共预算已经成为约束政府行为的重要工具。新的预算法共计有101条，第32条指出各级预算应该"按照规定程序征求各方面意见后编制"，是对公民参与预算所提出的明确的法律规定。第91条规定"公民、法人或者其他组织发现有违反本法的行为，可以依法向有关国家机关进行检举、控告。接受检举、控告的国家机关应当依法进行处理，并为检举人、控告人保密。任何单位或者个人不得压制和打击报复检举人、控告人"。但是，新预算法的主要缺陷就是没有把公民参与用法律形式确定为公共预算的必要内容和重要原则，那么也就可以说，新的预算法在推动我国公共预算改革中仍然有不足之处。问题就是改革和发展的方向，新预算法所存在的有关缺陷，正是对参与式预算完善和发展的要求，也可以说参与式预算将成为我国公共预算进一步改革的主要阵地之一。

（二）我国公共预算改革的成效与不足

当前，我国公共预算改革已取得显著成效，从框架上看，已经形成现代公共预算的雏形，部门预算改革已经取得了明显的成果，越来越多的中央部门开始公开部门预算；公共预算的编制、审核和执行也愈加严谨和科学，预算监督也愈加规范和有效。但是，我们也不得不承认，由于具体国情的约束和传统管理模式的惯性影响，我国的公共预算管理也只能说是取得了阶段性成果，很多改革在财政收、支、管各环节的效果并不尽如人意，尚未建立起符合市场经济本质需要的真正的公共预算制度。

---

① 李炜光. 以参与式预算改革作为公共财政突破点. 爱思想，2009-10-09，http://www.aisixiang. com/data/detail.php? id=25505.

目前，我国公共预算改革依然存在如下不足。一是预算从编制到执行缺乏外部控制。在现有体制下，财政部门能否有效地统一制定和执行预算，仍然有大量非正式制度和不透明的潜规则在起作用。如果仅仅把预算编制看成是一种表面上的计划，存在随意性改变的现象，那么预算执行能力就没有多大的改进。只有让公民的权力进入公共预算的每一过程和程序，利用公民和公民社会的社会权力约束官员和政府手中的公共权力，才能进一步保障公共预算的公共性。二是公共预算法治化和民主化的程度不够，甚至仅仅停留在内部行政控制阶段。之前，"监督外"预算和"预算外"资金的广泛存在；另外，我国的非税收入问题，依然十分严峻。随着新预算法对预算内外资金的统一，这一问题将会有所好转，但是执行的困难可想而知，所以在近期内这一问题依然存在。如果有大量公共资金、公共资产和公共资源游离在公共预算体系之外，那么这就不是真正意义上的公共预算，甚至也可以说公共预算的制衡和监督作用也谈不上。三是预算监督和审查能力不足。预算具有十分强的专业性和技术性，并不是所有民意代表（在我国称之为人民代表）都能看得懂的。另外，由于各级人民代表大会会期比较短、工作比较忙，很多人大代表完全没有足够的时间仔细审查预算。更为严重的是，人民代表大会不具备预算修正权，也就不可能对预算监督和审查的有效性提供保障。四是公共预算权力的分配不合理。我国一直实行以党委和政府为核心的预算管理体制，包括公民和社会组织在内的各个参与主体，是否应该具有预算参与的权力，应该具有什么样的参与权力，应该用什么样的方式执行预算参与权，以及公民和社会组织应该承担什么样的参与责任，在现行的国家法律和既定制度中，尚未有明确的规定和说明，也没有相应的配套措施来推进和保障。如果公共预算改革不能相应地影响公共权力的分配，公共权力也不足以保障预算参与，那么我国公共预算改革就很难从实质上获得成功。五是公共财政职能不清晰。按照公共产品理论，公共财政的职能应该定位在市场失灵的地方，市场无法做好的事情才是政府职责所在。当前，我国公共财政的职能不够规范，公共预算的执行能力不足，应该逐步转向满足社会公共需要的职能，这就需要进一步厘清公共预算体系。

(三) 我国公共预算构建对参与式预算发展的必然要求

我国公共预算领域存在的各种问题，以及这些问题的复杂性，迫切要求深入地推进公共预算改革。当然，我们也知道实现在国家治理层面对公共预算改革的整体推进，"必须通过相关的规则来改变预算决策的权力结构，通过权力制衡权力，切实约束各个预算参与主体的权力"①。恰如威尔达夫斯基所强调的，若想从根本上解决预算的技术问题，就要先行解决预算所涉及的政治问题，如果不能深刻的改变政治体制和公共权力运行机制，就无法从根本上改变预算所涉及的制度和程序。

公共预算改革的困难是上层资源似乎有限，因而寻找解决困难的出路，只能寄托在基层实践，也许这就是所谓"道在民间"。在我国国家层面进行公共预算改革的同时，不少地区的基层政权，也对政府预算体制自发地进行了一些改革探索和有效尝试②。于是我们可以说，公民和社会组织通过参与公共预算，为其提供了一个表达利益诉求和偏好的机会，也为公民和公民社会提供一个监督公共权力和公共资金使用的最佳渠道，同时，也有助于为政府决策和政策执行提供更加丰富的信息支撑。另外，从公民在参与式预算中所获得的知情权和参与权来看，纳税人对公共预算的参与兴趣、对公共预算知情权的强烈要求、对预算公开监督的日益关切，已经成为公共预算改革的趋势和潮流，这本身就是公共财政和民主政治建设的重要内容。

第二节

选题意义

一、参与式预算研究的理论意义

参与式预算的兴起与发展仅仅有二三十年，尚属"幼年阶段"，正是基于这

---

① 马骏. 中国预算改革的政治学：成就与困惑 [J]. 中山大学学报，2007 (05)：36.
② 陈家刚. 参与式预算的理论与实践 [J]. 经济社会体制比较，2007 (02)：26.

一基本的实践特征,更需要对其进行研究和总结,从而促使参与式预算有一个比较系统的理论基础和更加丰富的运行模式。对于参与式预算理论的学术研究,是一个涉及多个学科的系统研究过程。参与式预算的理论,除了涉及预算和财政外,还涉及国家治理、民主政治、公众参与、政治体制、经济体制、司法体制等多重维度,具有丰富的内涵与外延。当前,对参与式预算的研究已经不是经济学领域的特定研究范围,其他社会科学学科如管理学、政治学、法学和社会学等,都已经跃跃欲试或者崭露头角。另外,在各国学者的研究中,其所依据的相关理论基础,也不再仅仅局限于马列经典或者自由主义等传统学术思想,更涉及了参与式民主理论、新公共管理理论、财政分权理论、公共选择理论、公共产品理论,以及新制度经济学中的委托—代理理论、信息博弈理论和交易费用理论等[①]。还有一种趋势就是,出现了多个学科对于参与式预算的协同式研究,或者说是跨学科的融合式研究。

本书探索性地运用多学科知识系统思考参与式预算,深入研究参与式预算的理论依据、内涵机理、发展原则、自身局限、制约因素、实践经验和教训、运作模式、制度需求和发展趋势等,研究成果也在一定程度上有助于参与式预算理论和实践的发展与完善。

二、参与式预算研究的实践意义

在全世界范围内来看,参与式预算是一种公共预算管理方法和技术的创新,也是整个国家治理理念的创新。参与式预算是"一种创新的财政政策制定与预算收支编制方式,旨在通过讨论表决等形式促使预算过程的透明化、公开化和公众化,让社会公众参与分配资源、决定各种社会政策优先次序等政策制定过程,并对财政收支进行监督"[②]。"预算的民主化与科学化是我们进行公共预算改革的目标所在,那么如何操作参与式预算,才能有效地实现目标,是需要我们探讨

---

① 王熙. 中国参与式预算制度研究 [D]. 北京:中央财经大学,2010.
② 马骏. 中国预算改革的政治学:成就与困惑 [J]. 中山大学学报,2007(05):36.

的"①。因此，对参与预算的实践经验教训加以研究总结，就为参与式预算实践提供了一定的价值支持，对我国公共预算改革的顺利进行也具有一定的实践意义。对参与式预算实践逐步建立起来的实践案例与实践模式的研究和探索，在一定程度上为国内外公共预算改革的发展提供了实践经验与实践范例。另外，对于参与式预算在实践中表现出来的固有的缺陷和不足，本书也做出了进一步剖析，希望能在推进参与式预算实践时有所规避和改进。

参与式预算是公共预算改革的重要实现形式之一，是公共预算改革的重要组成部分，但不是公共预算改革的全部内容。参与式预算具有自身不可调和的固有的局限性，但是总结国内外参与式预算实践的经验教训，按照其逻辑原则和内在规律创造条件去规避参与式预算的固有局限性，并在理论建构与实践模式方面进行探索，有助于促进参与式预算和公共预算体系的发展和完善，也有助于推动国家治理、经济社会和公共财政的协调发展。因此，本书的研究有助于推进我国参与式预算改革进程，也有助于我国国家治理体系的完善、治理能力的现代化、公共财政改革和公共预算改革的深化。

第三节

研究现状综述

一、国外参与式预算的研究现状及评价

20世纪90年代以来，少数国外学者开始对部分参与式预算实践案例进行解剖式研究，对为什么"在这个国家而不是在那个国家、在这座城市而不是在那座城市"兴起发展的背景和原因进行剖析，对参与式预算在实践层面所带的有益价值进行总结。当然，在这种研究方式之中，也蕴含了另一个有效信息，那就是大部分学者是在肯定并看好这一实践创新的前提下，所进行的解剖研究。美国学者

---

① 李炜光. 以参与式预算改革作为公共财政突破点. 爱思想, 2009-10-09, http://www.aisixiang.com/data/detail.php?id=25505.

Barber、King、Feltey 和 Susel 等认为参与式预算的兴起和发展,是对原有政府管理不佳和预算无效问题的反抗,也是对行政权力工作绩效和官僚不作为的问责[1][2]。英国学者 Santos 认为巴西阿雷格里港市的参与式预算改革,是一种有效治理方式改革,有助于城市公共服务的改进、底层民众的利益保障、基础设施建设,也有助于地方经济发展的区域财力的培育。举例说一下,阿港参与式预算实施期间,中小学入学率增加率接近一倍。由此可知,参与式预算实践在巴西的意义是积极的[3]。当前,学术界对参与式预算案例的剖析与评价,至今依然是各个相关学科研究者的思考重点。

到了21世纪,国外大部分学者开始对影响参与式预算的限制性因素和制约条件进行研究,并在研究中探索这些条件和因素所表现出来的联系和区别,以及从中探讨影响参与式预算正常运行的制度共性问题,并探索构建涉及评价指标和影响因子的相应理论模型。这是对参与式预算研究,进行规范式实证式研究的开始。这种研究是运用现代意义上的研究方法,对参与式预算实践探索的有益总结[4],这也是本书研究参与式预算的一种思路。学者 Brian Wampler 指出参与式预算的实践效果良好、社会满意度较高,并且指出了他所认为的推行参与式预算的必要条件:第一,一个积极进取的民主型政府;第二,一个服务民生的服务型政府;第三,一个关注公平正义的责任型政府[5]。学者 Carol Ebdon 和 Aimee L. Franklin 则认为,公民参与式预算有四个制约因素:第一,环境因素,包括政府结构、历史文化传统、人口素质和规模,以及社会团体的多样性等;第二,程序设计因素,包括时间机遇、预算技术类型,以及参与者是如何选择和被代表的;第三,机制因素,主要包括代议制会议、专家委员会、调查小组等;第四,

---

[1] Barber. Strong Democracy: Participatory Politics for a New Age [M]. Berkeley: University of California Press. 1986: 433.

[2] King, Chery Simrell, Feltey. The Question of Participation: Toward Authentic Public Participation in Public Administration [J]. Public Administration Review 1998, 58 (4): 31.

[3] Santos, B. S. Participatory Budget in Porto Aiegre: toward a Redistributive Democracy [J]. Polities and Soeiety, 1998, 26 (4): 44-45.

[4] 余英. 参与式预算:地方政府预算制度改革模式研究 [J]. 特区经济, 2008 (10): 25.

[5] Brian Wampler. A Guide to Participatory Budgeting [J]. Conference on Participatory Budgeting, 2000 (09): 61.

目标和结果因素，也就是相关参与主体的意愿等①。这两位学者通过更加深入的研究分析，并结合 King，Feltey，Susel，Berner，Miller 和 Evers 等学者的研究，系统地得出参与式预算的五个利好因素：第一，决策知情权；第二，参与主体参与的积极性和能力；第三，公民社会的支持程度；第四，参与权力对影响预算决策的力度；第五，各参与主体或者组织之间是否形成改革的共识②。对此，美国学者 Yves Zamboni 系统总结后，得出如下结论：任何公民，包含具有专业素养的学者、代表公权力的政客和普通公民，以及各种社会组织，都应该是这一公共预算改革实践的参与者和拥护者③。只有形成合力，公共预算治理才会更加有效。由此可见，Carol 和 Airaee 这两位学者，都在全面系统总结的基础上，对参与式预算的实践价值给予了积极评价。

意大利著名学者 Tiago Peixoto 则在系统研究的基础上得出结论：现代信息技术有助于参与式预算的兴起和发展，信息技术或者互联网时代的技术创新，有助于扩大预算民主和政治民主的内涵和实践范围。他也对贝罗奥力特市的基于电子政务的电子参与，给予了高度认可，尽管此技术在当时的运用并不成熟。他也因此指出，在参与式预算这一新事物的成长中，不可避免的会有很多缺陷和不足，但是积极用创新的方式和技术进行探索实践，本身就是公共预算改革的一种有效尝试④。与此同时，法国学者 Rocke 则在系统研究的基础上认为：基层政府的参与式实践，对中央政权的体制和规则具有一定的影响，分权化这一改革趋势是今后的参与式预算发展中必须要解决的深层问题⑤。澳大利亚学者 Ron Kluvers 和 Soma Pillay 则进一步强调指出，参与主体的能力和素养，对于地方政府参与式预算实践的成功与否，至关重要，另外预算参与主体的参与积极性、激情和能力，

---

① 林敏，余丽生. 预算影响地方公共支出结构的实证研究 [J]. 财贸经济，2011（08）：26.
② 陈家刚. 参与式预算的理论与实践 [J]. 经济社会体制比较，2007（02）：26.
③ 江月. 预算过程有效性研究 [D]. 北京：中央财经大学，2011.
④ Tiago Peixoto. e-Participatory Budgeting: e-Democracy from theory to success [EB/OL]. http://ssm.com/abstract = 1273554，2013 - 03 - 03.
⑤ Rocke. A. Participatory budgeting in the UK: from the "grassroots" to the national agenda [J]. The Participatory Budgeting Unit，2008（09）：120 - 137.

也是非常重要的①。另外，学者 Yuguo Liao 和 Yahong Zhang，在系统分析的基础上，认为参与主体之间的合力和互动机制与政治环境一样，直接影响公共预算改革的进程。甚至面对面的互动协商模式更加有助于公共财政预算问题的解决，也有助于参与式预算的健康发展。同时，如果被推选出的官员对预算改革持有否定的态度，也不利于参与式预算的正常推进，甚至有可能被迫中止②。所以，这两位学者指出，培养政府官员的改革精神和改革意志至关重要，只有他们对参与式实践表现出浓厚的兴趣，公共预算改革才能事半功倍。

从上述国外学术界主流学者的研究成果看，我们可以总结出，在今后一段时期国外学术界的研究重点，仍然是对参与式预算制度及其运作模式的构建等一系列问题的思考。同时，各国学者也将会在更广大的学术视野中思考参与式预算的具体内容。在世界范围内，各国学者对参与式预算的学术研究，已经有二三十年的历史了，但是"关于参与式预算研究的规范理论和一致认可的标准仍然比较稀少"③。相关的研究文献，主要有两个特点：一是大多采取定性研究方法，尤其是以案例研究为主要表现形式；二是仍缺乏核心的理论假设和理论框架。当然，对影响参与式预算实践的制约因素和固有局限的研究，也是重点。另外，在信息时代或者互联网时代，信息技术与传统预算民主参与理论的结合，也已经成为国外理论界关注的重点之一。

二、国内参与式预算的研究现状及评价

本书使用关键词"参与式预算"在知网进行学术搜索时，得到396篇相关的文章。在这其中，比较规范的学术期刊论文或者学位论文还比较少，不足百篇，而且主要集中在最近三五年之内，并且有大部分学术论文仅仅是对国内外案例的简单描述总结，并没有涉及更深层的案例剖析和理论分析。这大致可以说明我国对参与式预算的研究时间较短，相对比较薄弱。研究的侧重点主要有如下几个

---

① Ron Kluvers, Soma Pillay. Participation in the Budgetary Process in Local Governnient [J], The Australian Journal of Public Administration, 2009, 68 (2): 220 - 230.
② 陈家刚. 参与式预算的理论与实践 [J]. 经济社会体制比较, 2007 (02): 26.
③ 王熙. 中国参与式预算制度研究 [D]. 北京：中央财经大学, 2010.

方面：

一是侧重对国外实践的总结和理论探讨。陈家刚在对国外研究资料总结的基础上，剖析了阿根廷、加拿大、印度尼西亚、南非、爱尔兰等国家的实践案例，并对这些案例中参与式预算的目标、原则、条件和过程进行一一分析；与此同时，他认为参与式预算存在不可避免的缺陷①。赵丽江、陆海燕在对欧洲的法国、德国和意大利三国的案例介绍中，指出"将参与式预算作为政府管理的工具运用到公共决策中去，从基层政府组织开始试行，把预算信息公开放在实践的首位"②。王淑杰和孟金环指出巴西参与式预算"扩大了公民参与的范围，推动了地方治理的民主化"，并指出巴西参与式预算作为公民参与的方式，首先就将政府的财政决策置于公民的监督之下，并由公民自下而上决定财政资源的分配，从而大大扩展了公民民主参与及政治民主的广度和深度③。袁方成认为从巴西参与式预算实践来看，"公民的直接参与尤其是妇女和低收入阶层参与财政预算的讨论，为这些社会弱势群体影响公共投资的方向和社区规划提供了条件和机会，因此巴西的参与式预算也被一些学者看成是实现社会公平和公正及财富再分配的强有力的工具"④。至于美国类型的预算参与，有学者提出不同的见解，譬如李明认为美国预算参与虽然不是严格意义上的参与式预算，但是由于美式民主的基本特点，决定了美国预算过程中普遍重视公民和社会组织的参与。学者李一花则认为美国参与式预算的实施是"采取吸纳专业预算研究机构的参与和议会的参与来实现的，政府编制的预算草案交给议会商讨和听证，一些非政府研究预算机构代表社会对预算进行专业评估，通过媒体、议会对政府施加影响，使得政府重视评估意见，让政府的预算更符合社会的需求"⑤。类似于这样的研究文章还有一些，但是在研究内容层面大致相似。这些文章对国外参与式预算实践的总结，也对我国参与式预算的改革实践具有一定的借鉴意义。

---

① 陈家刚. 参与式预算的理论与实践 [J]. 经济社会体制比较，2007（02）：26.
② 赵丽江，陆海燕. 参与式预算：当今实现善治的有效工具 [J]. 中国行政管理，2008（10）：106-110.
③ 王淑杰，孟金环. 巴西参与式预算经验借鉴及启示 [J]. 地方财政研究，2011（09）：15.
④ 王淑杰，孟金环. 巴西参与式预算经验借鉴及启示 [J]. 地方财政研究，2011（09）：15.
⑤ 陈家刚. 参与式预算的理论与实践 [J]. 经济社会体制比较，2007（02）：26.

二是侧重对国内实践总结和理论分析。陈家刚、陈奕敏这两位学者指出,参与式预算是我国地方政府进行治理改革的"大手笔",参与式预算的兴起与发展"使直接民主与代议制民主能够有效结合,是公民直接参与决策的一种治理形式"①。王绍光认为参与式预算"提供了一种满足了普通公民参与公共预算活动、维护自身利益诉求的路径选择,是一种具有进步意义的预算改革实践"②。马骏评价温岭市2006年的修正议案时说,这是"国内第一起人大代表行使预算修正权",并强调指出温岭市的参与式预算实践,是我国第一起人大代表履行预算修正权的尝试,促使"橡皮图章"的人大会议在预算审议过程中发挥更积极的作用。苏振华则认为参与式预算促进了公共资金使用效率的提升,并指出"居民在公共预算制定过程中的协商参与,不仅使得政府公共决策具有了政治上的合法性,还能促进公共投资效率的实现"③。徐珣和陈剩勇在运用政治民主理论分析参与式预算后,得出"参与式预算在创制基层政治与政府的合法性、建构公共理性以及引导地方公共决策的理性化等方面所具有的规范性价值"④。王雍君则通过对国内外参与式预算实践案例的剖析,得出"参与式预算有助于强化政府对公民的纵向受托责任、将地方民众有效地带入发展进程以及推动中国的基层民主化进程"⑤。杨文涛和任中平两位学者认为焦作市的参与式预算为"一场涉及各方思想观念、利益调整和制度创新的财政综合改革拉开了帷幕"⑥,是基于现有的法律和制度框架,进行了涉及公共财政各个领域的系列改革。刘再杰和李艳认为闵行区参与式预算实践的基本特征,就是在以"结果为导向"的基本理念下,强化区级政府的公共财政建设,在改革形式层面,表现为区级人大强化了对政府预算编制中的审议监督职能;在改革内容层面,表现为财政收入和支出的更加透

---

① 陈家刚,陈奕敏. 地方治理中的参与式预算 [J]. 公共管理学报,2007(07):56.
② 王绍光,马骏. 走向"预算国家"——财政转型与国家建设 [J]. 公共行政评论,2008(01):36.
③ 苏振华. 参与式预算的公共投资效率意义——以浙江温岭市泽国镇为例 [J]. 公共管理学报,2007(03):20.
④ 徐珣,陈剩勇. 参与式预算与地方治理:浙江温岭的经验 [J]. 浙江社会科学,2009(11):15.
⑤ 王雍君. 基层预算改革:融入制度化的公民参与 [J]. 中国改革,2010(04):27.
⑥ 杨文涛,任中平. 参与式预算的地方实践:公共预算改革中的焦作模式 [J]. 湖南工业大学学报,2010(10):92-96.

明和有效①，最为重要的特征就是，公民参与预算成为此次改革的重要组成部分。林敏认为温岭的参与式预算实践是"将基层民主恳谈与现有人大体制的有效对接，通过保障人大和人大代表的法定权力，加强了人大会议对地方公共预算的审查和监督力度；在民主恳谈中，人大和人大代表也加强了与公民的联系，能够对公民的偏好和利益诉求有更全面和真实的了解"②。陈治从国际参与式预算实践的一般经验比较中得出，规范的参与式预算必然需要"整个过程从参与人员选定、讨论预算议题到监督预算执行和评估预算效果都有一套完整规范的程序和标准"③，只有形成程序化和制度化的参与式预算模式，预算参与主体才能真正具有法律赋予的参与权和监督权。上述几位学者的研究分析，基本上已经代表了当前我国主流学者们对参与式预算理论和实践的基本认识，虽然尚不系统全面但也不乏真知灼见。

三是侧重对参与式预算与其他方面相结合。褚燚在对政治生态环境的系统剖析中，得出"新河模式是人大直接参与预算的权力主体发生了新变化的博弈和互动"，是对我国公共财政和民主政治建设的积极探索，有助于公民权利的维护，也有助依法理财和合法理财的形成④。马蔡琛和李红梅研究了社会性别在预算中的参与问题，强调"促进公民社会的成熟为性别预算中的公民参与提供适宜环境"⑤。周海燕和张学名则认为，在我国当前的人大代议制制度背景下，参与式预算有助于"将游离于体制外的民主恳谈纳入现行的人大法律制度框架内"，并可以据此激活各级人大会议的权力和作用，也能避免人大和人大代表职责和权力的"虚化"；参与式预算实践是对基层人大制度改革完善的最佳渠道⑥。孔志峰从预算绩效层面指出，"参与式预算中公民有赖于政府提供办公条件，如召集会议、提供信息、联系行政部门和公民、保证所选项目的实施等，市政府的影响因此非常大。如果市政府不愿执行参与预算，那么即使有参与预算的机制，也难以

---

① 刘再杰，李艳. 论中国参与式预算实践的经验与启示 [J]. 当代经济, 2011 (03): 08.
② 林敏. 参与式预算：分权治理与地方政府责任研究 [D]. 杭州：浙江大学, 2011.
③ 陈治. 论我国乡村治理中的参与式预算——价值、困境与法制化出路 [J]. 东北师大学报, 2014 (07): 20.
④ 褚燚. 参与式预算与政治生态环境的重构 [J]. 公共管理学报, 2007 (03): 91.
⑤ 马蔡琛，李红梅. 参与式预算在中国现实问题与未来选择 [J], 经济与管理研究, 2009 (12): 75.
⑥ 林敏，余丽生. 预算影响地方公共支出结构的实证研究 [J]. 财贸经济, 2011 (08): 26.

成功"①。曼东则认为我国的参与式预算绩效性较差，虽然在预算资金分配方面取得了明显的成效，也在一定程度上表达了一种民意，但还存在着明显缺憾和不足，大部分试点的公民参与预算并不是参与整个预算过程，而"只是在预算制定之前让公民参与项目的讨论，然而在预算制定后的执行和监督方面，却又将公民排除在外，也就是说，公民只对政府的部分钱该怎么花进行了象征性的讨论，而对于政府的这部分钱是否按计划花，是否取得了预期的效果却很难进行持续性的考量。不将参与具体化、深入化和长期化"②。王秀华从公民社会和利益分析的角度提出参与式预算的发展与完善，"必须充分理解公民的意愿和核心利益，进而明晰公民参与预算的目标和诉求"③。刘斌则从社会资本的角度，强调指出参与式预算的发展与完善与公民社会的成熟度密切相关，当然这个公民社会"不仅体现为公民政治成熟度，而且表现为人大代表的代表意识、公共管理者的包容能力和社会组织的热情"④。苏振华的研究非常肯定地指出了参与式预算过程是提供理性参与、平等协商的过程，有助于在预算决策和公共管理中化解矛盾达成理性的解决方案，这也有助于"解决集体决策中的偏好表达与偏好集结双重难题"，甚至还可以有效促进国家治理在不同公民偏好中达成符合最多数公民意愿诉求的利益解决方案和机制，因此可以说这本身就是国家治理的进步⑤。学者王雍君则进一步指出我国的参与式预算实践若想在更大舞台上发挥更加积极的作用，"除了要在理念、配套资金、契约设计及制度环境等环节上下功夫外，最重要的还是要争取在中央层面的支持"，尤其是明确的宪法法律保障，"与国家的财政体制相挂钩，否则这样孤单单的地方试验很难维持下去"⑥。

综上所述，我国目前关于参与式预算的研究成果总体而言还不是很多，大部

---

① 孔志峰. 预算绩效管理：参与式预算和绩效评价制度的进一步深化 [J]. 地方财政研究，2011 (09)：15.
② 晏东. 在合法性中累积有效性：地方参与式预算改革的温岭模式研究 [J]. 岭南学刊，2013 (11)：15.
③ 王秀华. 参与式财政预算理论与实践 [J]. 合作经济与科技，2011 (02)：35.
④ 刘斌. 我国公民有序政治参与研究 [D]. 兰州：兰州大学，2010.
⑤ 苏振华. 参与式预算的公共投资效率意义——以浙江温岭市泽国镇为例 [J]. 公共管理学报，2007 (03)：20.
⑥ 王雍君. 参与式预算：逻辑基础与前景展望 [J]. 经济社会体制比较. 2010 (3)：115.

分"强调对参与式预算实施案例进行解剖式研究的方式也在逐步增多,今后国内研究的发展趋势可能会随着我国参与式预算的推广和深化而不断的对新出现的案例进行深入剖析,研究其发生、发展过程和结果评价,并在国外对影响参与式预算关键因素研究的基础上,结合中国国情研究影响我国参与式预算的关键因素"①。尽管已经出现了一定数量的研究成果,但是研究的力度和深度依然不够。这也要求本书的研究,不能仅仅局限在案例介绍、经验总结和政策建议等初级层面,必须将研究提升到理论基础和逻辑机理的深刻剖析上。而且国内外现有的研究成果,大多数学术思考仅仅局限于政治学、公共管理学和社会学领域,并且有很多研究仅仅属于对参与式预算的概念、实践介绍和经验总结等基础性研究上,而运用现代经济学分析方法进行理论剖析和实证检验的学术研究,则相对较少。所以,对参与式预算在理论与实践层面的深入研究,尤其是把研究成果与我国国家治理变革和公共预算改革相结合,将对我国的公共预算改革和国家治理现代化进程产生深远影响。总之,虽然越来越多的国内学者开始关注参与式预算,但在研究方法、研究内容和研究角度等各个方面,仍然有待进一步的提高和加强。

第四节 研究方法与思路

一、研究思路

本书是基于公共预算构建的我国参与式预算研究。在2014年新修订的预算法中,做出了实行全口径预算管理的具体规定,即政府的全部收入和支出都应当纳入预算,预算包括一般公共预算(公共财政预算)、政府性基金预算、国有资本经营预算、社会保险基金预算。另外,新预算法也明确规定,政府的全部收入和支出都应该纳入预算。在本书研究中,倾向于全口径预算这一全口径归类方

---

① 吕俠,周东明.论公民参与预算的民主政治——基于中国乡镇预算民主模式分析[J].中南民族大学学报,2013(02):49.

法，并主张公共预算包含公共财政预算、政府性基金预算、国有资本经营预算、社会保障预算，以及其他所有涉及公共资金、国有资产和国有资源的财政财务预算。之所以使用公共预算这一概念，是为了强调所有公共资金、资源和资产的"预算"都应该是公共事务，而不是任何私人或者团体可以私自决定的，也就是为了与"私人"类预算相区别，为了更加突出公共预算的公共性、民主性、科学性和法治性。

本书对参与式民主理论、公共治理理论、公共财政理论、公共决策理论、委托代理理论、财政分权理论等进行了系统化梳理，通过理论分析深化了对参与式预算内涵及其内在机理的认识，进而对国内外参与式预算实践能有更为清晰的认识，从而推进可以更为精准地促进我国参与式预算实践的发展和完善。在考察国内外参与式预算实践的基础上，系统总结经验教训并提炼启示，然后结合我国具体国情和经济社会发展的阶段性特征，综合运用财政学、经济学、政治学、管理学和法学等多学科的研究成果及研究方法，对我国参与式预算的理论和实践进行系统研究，并在推进我国参与式预算发展的思路原则、运作机制和配套改革等方面提出相关积极的建议。可以说，对参与式预算实践发展的理论基础、内涵及相关要素分析、案例和实践经验研究，能够为我国参与式预算发展和完善的进程提供理论支撑和经验借鉴。

二、研究框架

本书研究涉及参与式预算的多个层面（包括其理论基础、内涵及相关要素分析、固有局限、制约条件、影响要素、发展趋势等），进而探索我国参与式预算实践的发展趋势、思路原则、运行机制和配套改革等，以此为我国公共预算改革的推进和完善做好前瞻性和系统性的研究。

本书研究的框架结构图标如图 1-1 所示。

第一章，选题背景。系统分析了参与式预算改革的背景。参与式预算是经济社会发展的必然要求，是全球财政改革的发展趋势，是现代国家治理转型的必然要求，也是完善我国公共预算的必然要求。现代公共预算的改革趋势对参与式预算的兴起和发展提出了必然要求。在世界范围内看，参与式预算是在公共预算管理部门中展开的一场具有强大生命力的民主试验。在 20 世纪 90 年代开始的新公共管理浪潮冲击下，世界各国公民的维权意识和公民意识普遍提升，已经与各国政府为应对现代公共预算的合法性危机和绩效危机，在制度改革上汇成一股合力，正在积极推动着公共预算改革的深刻变革。在我国，制度内的公民预算参与严重不足，但是参与式预算理论和实践却在社会各个层面得到了广泛的关注。因此，研究并推进我国参与式预算发展，已经成为我国国家治理现代化和公共财政改革的重要课题。

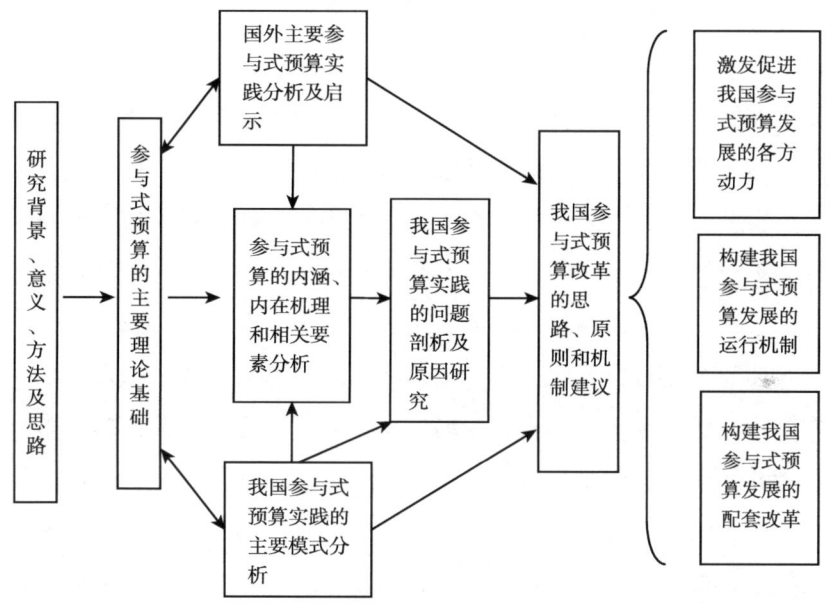

图 1-1　框架结构图

第二章，参与式预算实践的主要理论基础。尽管"参与式预算"这一概念的提出，是从参与式实践中逐渐归纳总结出来的，但参与式预算仍然具有深厚的理论支撑和理论溯源基础。本章分别探讨了参与民主理论、公共治理理论、公共产品理论、公共选择理论、信息和博弈理论（含委托代理理论）、财政分权理论等理论与参与式预算的关系。通过相关理论基础的分析，深化了对参与式预算的理论内涵、内在机理和构成要素等更为系统和全面的认识，这也有助于对参与式预算主要实践模式的经验和教训有更清晰的认识和更科学的评判。

第三章，参与式预算的内涵及相关要素研究。由于参与式预算来自于实践，至今尚未形成一套完善的理论体系，所以本章节重点对参与式预算内涵、内在机理和相关因素进行了理论探讨和界定，这也是本书研究的重点之一。通过对上一章节参与式预算的相关主要理论基础的系统分析，可以使我们在本章节中能够对参与式预算理论内涵和内在机理的思考和认识，有更为准确地把握。本章主要从参与式预算的内涵界定、参与动因、发展原则、固有局限、制约条件、自身定位、功能和发展前景等角度，对其进行系统研究。

第四章，国外主要参与式预算实践分析及启示。本章节介绍并剖析了国外主要参与式预算实践的实施背景、模式特点、运作流程、效果评判，以此为我国参与式预算发展的推进提供经验借鉴和教训启示。由于每个国家国情的差异，无论是在拉丁美洲、亚洲和非洲等的发展中国家，还是欧洲、美洲的发达国家，各国参与式预算实践的兴起背景和运行模式都不尽相同，这也就决定了本章节对案例剖析研究的重要性。

第五章，我国参与式预算的主要实践模式分析。本章节对我国各地参与式预算实践的共性和个性进行系统分析，对各地开展参与式预算的兴起原因、发展历程、运作模式、成效和不足等进行系统剖析，进而梳理出在我国推进参与式预算发展的经验和教训。在学术界普遍认可的我国参与式预算实践项目中，最早实行参与式预算的是浙江温岭，之后在联合国发展基金会的支持下哈尔滨和无锡也进行了试点探索，之后上海一些地区也进行了特殊形式的参与式预算尝试。温岭参与式预算是一种本土化的创新模式，并不是从巴西等国拿来的"舶来品"，是一项贴上了一个"洋标签"的本土化制度创新。通过分析，可以得知我国各地的参与式预算实践，加强了对预算编制、审查和监督的公开透明化的控制，加强了预算作为约束机制的刚性，代表了当前我国公共财政预算改革的趋势和方向。

第六章，我国参与式预算实践的问题及原因研究。秉持问题导向的研究思路，既要剖析参与式预算实践存在的问题，也要从公民社会资本的供给层面、政府职责的"缺位"和"错位"层面、公共预算改革和国家治理的全局层面、相关体制机制层面等进行系统剖析和认知。通过本章节的系统分析可知我国参与式预算在兴起和发展中存在的各种问题，既涉及预算技术层面的因素，也涉及深层体制机制层面的障碍。

第七章，构建我国参与式预算的思路、原则和机制。基于我国国情和公共财政预算改革的现实情况，我国参与式预算若要进一步发展和完善，仍需进行系统科学的思考和系统的设计。构建我国参与式预算发展的运行机制，从我国公共预算改革的整体框架、目标方向、思路原则等角度出发，分别从推进参与式预算的准备阶段、开始阶段、深化阶段、执行监督阶段和模式创新层面，进行了系统的设计和思考。

第八章，构建我国参与式预算的配套改革。参与式预算不是孤立进行的，必须纳入到公共预算改革和国家治理转型中去，在公共预算改革和国家治理转型的整体进程中，抓好配套机制建设，统筹考虑，协同发展。因此对我国参与式预算改革的完善和深入推进，迫切需要在配套机制方面进行系统构建，一是要打造参与式预算实践的法治环境；二是要推进公共财政和公共预算的深化改革；三是推进我国国家治理的现代化进程。

三、研究方法

研究成果和主要结论不是凭空产生的，科学而系统的研究方法就是思考问题并解决问题的手段和工具。本书主要采用以下研究方法。

（一）历史分析法

任何预算制度的变迁都有着一定的历史规律。以史为鉴，回顾并总结公共预算实践和参与式预算实践的发展历程和脉络，有助于为本书研究提供良好的历史经验借鉴。

（二）比较分析法

比较分析参与式预算实践在不同国家和地区的兴起与发展。有对比才会发现差距，由于国外的参与式预算实践经验更为丰富，因此，系统比较和借鉴国外的实践模式和理论成果，对完善我国的参与式预算实践是非常必要的。

（三）文献分析法

文献研究法是依据一定的研究目的，围绕调查文献来获得资料，继而全面地、正确地了解掌握所要研究问题的一种方法。本书的文献资料主要来源：相关书籍；报纸期刊资料；互联网上的文章（包括新闻、统计信息、研究机构和专业研究报告）等。由于时间和空间的局限，不能前往所有参与式预算实践地进行实地调研。所以，在本书的研究撰写中，不可避免的使用了大量的"二手资料"。

（四）实地调研和典型案例研究方法

主要对典型案例进行实地调研，从而进行综合分析和比较分析。重点考察温岭市实行参与式预算的各镇，现场观摩参与式预算实施的整个过程。在实地调研的基础之上，笔者针对参与式预算实施最早且最成熟的温岭新河镇和泽国镇进行典型案例研究。另外，也对焦作市和闵行区的参与式预算实践情况分别进行了一次实地调研。本书将主要采用案例研究的方式，通过会议现场观察、深度访谈等规范的定性研究方法收集第一手信息，并在此基础上得出结论。力图通过对具体模式进行提炼与归纳，总结各种参与式预算实践的经验和教训。

第五节 创新和不足

一、研究内容方面的创新

探索性地运用多学科知识系统思考参与式预算的概念界定、本质功能、形成动因、理论模式、运作机制和配套改革，力图为参与式预算的发展和完善构建起系统的理论基础，所得出的研究结论在一定程度上将弥补现有国内外研究的不足。

第一，在参与式预算的理论基础层面：在国内外首次系统地分析了参与式民主理论、公共治理理论、公共产品理论、公共选择理论、信息和博弈理论、财政分权理论与参与式预算的辩证关系，并进一步论证得出"参与式民主是直接民主采用非体制化实现的重要方式，也是参与式民主在预算领域最为重要的实现方式之一""参与式预算正是基于公民治理和善治的理念应运而生的，不仅创新了政府公共预算方法、改变了传统的预算理念，而且是一种公共治理创新方式""公共产品的有效提供是参与式预算兴起和发展的主要目的，那么科学的有效的参与式预算也是公共产品供给得以实现的重要方式之一""公共选择理论实际上也包含着对参与式预算问题的探讨，参与式预算是理性的公民和利益团体，在公共预算领域进行的公共选择实践""参与式预算本身就是公民对人民主权这一原则，在委托代理的权力授权下的控制和监督""参与式预算作为一种创新的分权治理模式，是在传统分权治理模式中引入基层公民和其他各个参与主体参与的责任治理机制"等观点，并进一步提出参与式预算理应在当今社会成为衡量一个国家是否是预算国家的重要尺度。

第二，在参与式预算的内涵和构成要素层面：从参与式预算的兴起和发展的原因、内涵、参与动因、发展原则、固有局限、必备条件、自身定位和功能前景等方面，从理论层面对参与式预算进行系统分析，进而科学地界定参与式预算的内涵和相关要素。另外，深入分析参与式预算的构成要素，并识别了影响参与式预算兴起和发展的众多影响因素，用博弈论的方法分析了参与式预算的参与动因，为对参与式预算的深入研究提供了一个积累素材的理论支撑。譬如，在综合分析众多专家学者的论述和参与式预算实践的经验教训后，本书认为参与式预算是公民和公民社会通过"参与"对公共预算的决策、执行和监督等各个（或者某些）环节所进行的民主化、科学化和有效性的保障与促进，既包含着动态的促进过程和行为，也包含着静态的体系构建和制度模式。在第一层面，参与式预算是指公民和公民社会能够决定或者有助于决定部分或全部可支配的公共资金、公共资源或公共财富的预算机制和过程，可能是在公共预算的准备、决策、执行或监督的某一环节进行参与，也可能是在多个或者全部环节参与。当然从参与式预算的制度完备性和实践有效性的角度看，最好是在公共预算过程的全环节都具有预算参与。在第二层面,参与式预算是动态的管理和参与协同的行为模式,旨在保障预算决策的民主性、科学性和有效性。也就是说,在公共预算领域,公民的预算参与是对公民利益、权力和自由的最好维护方式。在第三层面,参与式预算也包含了对公共预算的体制机制或者制度环境的优化改良、预算技术的改进和完善,以及对各个参与主体的预算能力和参与积极性的提升和培育。在第四层面,参与式预算是指在公民赋权的基础上进行的事关公共预算的参与和运作,也只有在公民赋权的前提下,预算的参与和运作才能是可以被认可的参与式预算,参与式预算也才可以超越公共预算的单纯技术性形式成为更为广泛的国家治理体系的重要组成部分。所得出的这一结论,在一定程度上弥补了当前学术界对参与式预算这一概念内涵和外延界定不清晰的研究缺陷。譬如,在学术研究的层面首次系统论证参与式预算发展的七项原则:代议制民主与直接民主的结合、基层自治和公民权利的保障、预算信息的公开透明、预算参与及制度的合法化、预算参与的秩序化、预算参与制度运行的有效性、预算参与及制度的理性化等原则。譬如,还系统论述了"参与式预算虽然是公共预算的重要实现形式之一,给了公民获得政府运作的第一手资料的机会和参与渠道,但并不是尽善尽美的,其本身就是一个矛盾的综合体,甚至存在本性固然的局限",这一论述的提出有助于在理论层面深化对参与式预算的认识,也有助于指导参与式预算实践的完善和发展。譬如,还系统论述了"参与式预算兴起和发展的必备条件:宽松的政治环境、丰厚的社会资本、形成改革的合力、充足的自主财政收入、预算信息的公开透明、预算改革的法治化进程,并进一步系统论述并得出参与式预算在未来的功能和前景"。

第三,在国内外主要参与式预算实践模式比较分析层面:通过对巴西、美国、德国等主要参与式预算实践模式的综合分析,创造性得出推动参与式预算发展的重要启示,那就是明晰公民参与预算的诉求、提升公民参与的积极性、提高预算参与的绩效、实现充足的财力保障、打造合适的参与形式、构建协同的治理模式、提供良好的社会政治环境等,这些启示有助于为我国参与式预算发展、公共预算改革和国家治理转型提供了切实可行的经验借鉴和政策建议。另外,通过对我国参与式预算实践的主要模式(焦作模式、温岭模式、闵行模式)综合分析，对我国参与式预算主要实践模式的共同点、不同点、实践意义、经验教训、问题原因的系统论述，也有助于我国参与式预算理论和实践的深入发展。本书认为，随着我国公共预算改革的持续推进和不断深入，参与式预算实践的价值和意义已经得到社会各界的广泛认可，其实践范围和实践成效已经取得了重大突破。但是，依然存在体制机制没有理顺、实践模式不到位、运作程序不规范、参与者角色认知不准确、公民权利保障不充分、公民自觉参与的责任意识不强烈等问题和不足之处。所以，对当前我国参与式预算存在的问题及其深层原因的剖析，就显得尤为重要，具有十分重要的现实意义。有了危机不可怕，化危为机，就是参与式预算实践继续发展的机遇。本书指出我国预算过程中存在的问题和不足，也就是公共预算自身改革完善的依据和方向。换言之，我国参与式预算实践中面临的技术性问题和体制机制问题，与其说是阻碍公共预算体系完善发展的障碍，不如说是推动我国参与式预算完善发展的起点。

第四，在构建我国参与式预算的思路、原则、机制和配套改革层面：本书提出了适合我国国情与政治经济社会现状的参与式预算发展和完善的思路原则、运行机制和配套改革等。系统论述了必须坚持"上下结合、试点推广和形成合力"这三大思路，系统论述了必须坚持"立足我国国情因地制宜、直接民主与间接民主互补"这两大发展原则。在宏观环境方面系统论述了加强各方力量（党委的高度重视、人大会议的预算权力强化、政府的主动配合、人大代表的职责履行、公民社会的成熟和参与激情等）的协同促进和完善基层自治等重要举措。在运行机制方面，系统论述了"建立健全制度以及增强参与式预算的可行性"与"创新参与形式以此增强参与式预算的有效性"这两者结合的重要性和现实性。在配套机制方面，系统论述了打造参与式预算实践的法治环境、推进公共财政和公共预算改革、推进国家治理体系和能力的转型完善，与参与式预算发展和完善的关系。尤为突出的是，本书主张任何公共预算改革的推进都需要在一个系统的环境里，进行各个参与方的合力协同推进，这就需要在主要改革措施和机制之外，进行配套机制的系统设计和协同改革。换言之，推进我国参与式预算实践必须以完善配套改革为重要举措，创造参与式预算发展和完善的保障条件。

二、研究方法方面的创新

第一，运用现代经济学和博弈论的方法。运用现代经济学的分析方法对参与式预算进行系统分析，用博弈论的方法分析了参与式预算兴起和发展的动因，即各个预算参与主体为什么以及如何在公共预算决策制定的过程中发挥作用，这为对参与式预算的深入研究提供了一个可以尝试的思考视角。本书系统阐述了"在势均力敌的情况下，公共预算决策制定因为必然涉及各个参与主体的利益，因此只要公共预算决策涉及各个利益诉求方的切身利益时，各个参与主体或者利益集团必定会通过参与进行利益的维护"。另外，还系统阐述了"参与公共预算决策是任何涉及自身利益的参与主体或者利益集团的理性行为，任何参与主体的广泛参与都促使公共预算决策的多元化和理性化"。通过综合分析本书得出"从参与主体或者利益集团在力量均等和不等情况下的参与博弈，可以证实参与是维护自身利益的最好选择也是一种最优的选择"。

第二，跳出参与式预算研究。站在国家治理和体制机制的高度，从国家治理、法治国家建设、经济政治体制机制改革等多个层面，系统剖析参与式预算完善和发展的未来趋势，拓宽了关于参与式预算问题研究的途径、视野和方法。

第三，注重实地调研。通过对温岭和焦作等地参与式预算的实地调研，系统评估了参与式预算对我国基层预算制度的影响，并揭示了参与式预算经验推广中可能遇到的一些障碍。以基层政府参与式预算作为研究对象，对参与式预算发展的动因研究，能够为我国参与式预算发展进程提供理论支撑。另外，对参与式预算发展的条件研究，能够为其他地区创造条件顺利推进参与式预算发展进程提供了实践经验。

第四，运用多学科知识。运用现代经济学和博弈论的方法。运用多学科知识对参与式预算的理论与实践问题进行系统分析，符合当前社会科学对复杂问题进行系统化、多元化、协同化研究的趋势。本书是涉及财政学、经济学、政治学、公共管理四个学科的交叉协同研究，运用经济学、管理学、政治学、社会学、法学等学科的预算财政、民主理论、政治参与、合法性、公共产品、分权治理、信息博弈和公共选择等学术知识，所进行的关于参与式预算和公共预算问题的系统研究，是一次研究方法的探索尝试，也是一种研究方法的创新。

三、研究的不足之处

本书在撰写过程中，遇到了如下三种困难。第一，实证数据难找。对国内外主要参与式预算实践相关数据的统计十分缺乏，以至于不能搜索到并整理出比较系统全面的数据，致使本书研究无法使用现代计量经济的实证分析。虽然实证分析难以做到，但是本书也大量使用现代实证经济学的研究成果，去思考参与式预算这一重要命题。第二，理论研究的成果难以找到，缺乏参考的范例。纵观国内外现有的关于参与式预算的研究，具有学术意义的研究成果还比较少，甚至还仅仅局限于对参与式预算的概念、实践介绍和经验总结等基础性研究上，而运用现代经济学分析方法进行系统的理论剖析和实证检验的学术研究则相对较少。第三，案例分析困难，需要大量的实地调研，然而由于调研基础和路途等条件的限制，在本书撰写中并不能对所有参与式预算实践进行一一深入的调研。

在本书的撰写中，虽然有心将参与式预算研究足、研究深，但是由于受到存在困难的制约，仍然存在很多遗憾和不足。第一，受到有效数据收集困难的局限，本书没有大量运用经济模型对参与式预算进行深入分析。第二，因为条件限制，缺乏对国外实践案例的实地调研，对第一手资料的掌握不足不全，使用了大量二手研究资料（在此向已经标注出的作者表示感谢，向由于各种原因没能标注出的作者表示感谢和歉意）。对国内主要实践模式的调研也比较缺乏，仅仅去了温岭和焦作两地，缺乏对其他地区实践的亲身感受。第三，受学术水平和时间精力的限制，本书对参与式预算这一重要问题的研究，无论是在理论还是实践层面的思考，都未达到预期的学术水平。

第二章

参与式预算实践的主要理论基础

理论是灰色的,而实践之树常青,只有将参与式预算在理论与实践的结合和碰撞中不断探索不断创新,世界各国的公共预算实践才会更加具有生命力。尽管"参与式预算"这一概念的提出,是从预算实践中逐渐归纳总结而出的,但参与式预算依然具有深厚的相关理论基础。比如说,人民主权理论、参与式民主理论、公共治理理论、公共产品和公共选择理论、委托代理理论和财政分权理论等,恰恰在某种程度上说明了"预算参与是公共预算完善和发展的必然需求"。这些相关理论自然而然就成为研究参与式预算的十分坚强的理论基础。本章分别从参与民主理论、公共治理理论、委托代理理论、公共选择理论、财政分权理论、公共产品理论等进行基础分析与系统化梳理,通过这种分析和梳理有助于我们深化对参与式预算内涵、运行机理和相关要素的认识,进而有助于对世界范围内的参与式预算实践有更为清晰的认识,从而有助于推进我国参与式预算实践的完善和发展。

第一节 参与民主理论

一、参与民主理论概述

近代以来,现代民主理论主要有两类:一是共和主义民主,如直接民主、协商民主;二是自由主义民主,主要是指代议制民主。代议制民主,比较强调民主范式下的代议民意机构与行政机构的分权协商,也是传统预算的基本实现形式。协商民主的基本观点就是民众抑或社会与行政机构的分权探讨,是对代议制民主不足之处的弥补,是对参与式民主的深化。

参与式民主理论溯源于古希腊时期的城邦民主。古希腊的城邦民主,也被称之为直接民主。自古以来关于直接民主的政治思想中,民众的参与问题是一个不可回避而且必须回答的核心问题。甚至我们还可以说,辉煌灿烂的古希腊城邦文明,也许就建立在古希腊的民众直接参与之上。亚里士多德在《政治学》一书中,通过对寡头政治的剖析,强调了民众参与的重要性,并指出只要是不允许民众平等参与分享权力的政体就属于寡头政治,只要允许民众平等参与分享权力的政体就属于民主政治。需要指出的是,《社会契约论》中对社会契约和政治决策的理解对于参与式民主是非常重要的,当然,并不能将卢梭的直接民主等同于现代意义的参与式民主。

参与式民主抑或直接民主是最为直接和最为原始的民主实现形式,虽然原始但是生命力也最为强大,"一直就是对上述两类改进式民主的有效补充"① 和最后控制,其实质是期望通过直接参与实现人民主权的最终目的。在参与式民主的范畴内,"民主不仅仅是一套代议性质的制度安排,也是一种可以公民和社会组织广泛参与的生活形式"②。尽管当代学者在确定国家治理的标准时存在着很多分歧,但也有一个共同认可的标准,那就是"民主"。而学者们在规范民主发展标准时,也存在着众多不同的声音,不过也仍然有一个被大家认可的标准,那就是"公民参与以及公民参与的有效性"。学者亨廷顿也曾指出,现代政体区别于传统政体的关键因素,在于公民的政治意识和政治介入的幅度,传统政体的制度只需要社会上少数精英人士的政治参与即可,然而现代政体却必须有广大公民和社会组织的广泛参与。也就是说,参与式预算的兴起与发展,本身就是民主理论发展的必然要求,尤其是参与式民主兴起和发展的题中之意。

20世纪60年代,阿诺德·考夫曼首创并分析了现代意义上的"参与式民

---

① 蔡定剑. 公共参与风险社会的制度建设 [M]. 北京: 法律出版社, 2009: 2.
② [美] 卡罗尔·佩特曼. 参与和民主理论 [M]. 上海: 上海人民出版社, 2006: 18.

主"这一概念。另外,由于参与式民主强调民众和社会组织的广泛参与,广泛参与必然带来巨额的参与成本,这样就决定了直接民主在运用上必然不能无限扩展,甚至也有专家指出直接民主仅仅适用于"小国寡民"的情况。于是,其他各种民主,如精英民主论、程序民主论、多元民主论等,意图纷纷将直接民主取而代之[①]。但是,自从70年代以来,参与式民主理论逐渐开始复兴,并在理论和实践的双层面上成为热点问题。另外,值得一说的是,卡罗尔·佩特曼的《参与和民主理论》,是参与式民主在70年代以后兴起的主要标志[②];80年代以后,无论是倡导"以参与式弥补代议制的缺憾"的巴伯,还是主张以"以协商民主支持参与"的哈贝马斯等学者,均在参与式民主对现代公共生活的意义上进行了系统的理论分析和现实解读[③]。

二、参与民主理论的核心观点

从字面来理解,参与式民主是结合参与和民主的关系而演化出的一种民主理论,其基本主张就是唯有民众能够广泛地、真实地对国家政治生活进行参与,才能体现民主的真谛,即关键点是承认参与对民主的价值。重视民众个人的参与价值,认为只有民众才对国家治理或者公共权力具有最终的决定权,也只有民众有能力对国家治理做出最有效的判断,这同卢梭的人民主权思想是相承续的。就此而言,参与式民主理论蕴含着对传统古典民主理论的价值理念回归。参与式民主理论的兴起,首先是对精英民主论的一种规范性理论回应,即民主不仅被看作是一套全国性的代议制,更是所有公民参与的大会,换句话说,民主并不是只有精英可以玩的游戏。

具体而言,参与式民主理论包含如下价值理念:第一,人民统治。参与民主的基本含义是"人民的统治"。因此,民主理论潜在地预设了一个理论前提——人民主权。第二,人民主权。最早对人民主权进行完整阐述的是卢梭,他在《社

---

① 王锡锌. 行政过程中公共参与的制度实践[M]. 北京:法律出版社,2008:8.
② [美]佩特曼. 参与和民主理论[M]. 上海:上海人民出版,2006:1.
③ [美]佩特曼. 参与和民主理论[M]. 上海:上海人民出版,2006:69.

会契约论》这本书中指出"人民的主权是不可转让的天赋权利"。第三，公共精神和公共理性，这也是民众公共生活中必须具备的公民素养，可以在"与私人偏好之间寻找均衡点，政府赋予公民以话语权，平等地进行有关于公共政策决策的对话、讨论和协商，从而完成公共利益最大化的目标"①。第四，直接参与。毋庸置疑，参与就是参与式民主区别于其他民主理论的首要标志。在参与式民主下，民众和社会组织有权对所有涉及他们切身利益的社会公共生活进行充分的参与，如公共政策的制定和执行以及监督和评估。在参与式民主下，民主既不是多数人的统治，也不是少数人的精英统治，而是民众可以对公共生活所进行的积极主动的参与。

三、参与民主与协商民主的关系

协商民主是对参与式民主的深化，相比较而言，更强调通过协商达成共识进而实现参与的合法性、公开性和责任性。1980 年，毕塞特在《协商民主：共和政府的多数原则》一文中，首次在学术意义上使用了"协商民主"。但是，在这篇文章中，毕塞特主要是从当时最流行的参与式民主视角提出协商民主，主张民众参与并以广泛的参与反对精英主义的泛滥。1987 年，曼宁的代表著作《论合法性与政治协商》，被学界视为研究协商民主的开山之作。

随后协商民主理论日益兴起，其核心观点是既肯定民众的参与，又尊重国家与社会的界限，力图通过完善民主程序来扩大参与，即是比参与民主更加重视合法性、公开性和责任性。在这个意义上，协商民主理论将民主的本质定位在各利害相关人平等、自由的说理，这使得协商民主区别于其他程序化票决式的民主，后者强调由多数决议形成公意；而协商民主强调"理性的对话、论证和说服"。公众参与在一定程度上分散了公共决策权力，提高了公共决策的质量和可接受程度。协商民主是对参与式民主的有效补充，协商民主的过程就是

---

① 冯霞，苏振华. 公共治理对农村公共产品供给效率的影响机理 [J]. 中共浙江省委党校学报，2012（02）：15.

以参与和讨论为主的公意形成过程，为公众参与提供了理论基础。参与式民主的目的有别于直接民主、间接民主中公民或其代表只能对行政决定表示同意或者反对的情形，在此民众和社会组织的参与旨在对公共决策的内容和效果施加影响。

协商民主对于参与的合法性和理性的规范，为参与式预算在文化、利益多元化的社会环境下，实现不同参与主体相互交流、理解并进而促进现代预算制度的构建，提供了重要的参照价值。换言之，这就要求参与式预算不仅要强调公民参与预算，更要强调民众预算参与的合法性、合理性、秩序性和有效性。

四、参与式民主理论和参与式预算的关系

民主是现代国家治理价值体系中的核心价值之一，是一种价值理念，是一种制度安排，是一种程序规范，更是一种实实在在的生活方式，它首先表达了民众"自治"的理念，即民众通过直接或间接的方式参与国家重大事务的决定和管理，通过选举投票的方式直接决定与控制公共事物。参与式民主是直接民主采用"非体制化实现"的重要方式。从这个意义上讲，参与式预算是参与式民主在预算领域最为重要的实现方式之一，也是民众和社会组织在公共预算体系中维护自身利益的最好方式，可以降低或者规避精英主义决策方式的失误和风险，由此可见，参与式预算理应在当今社会成为衡量一个国家是否是"预算国家"的重要尺度。

公共预算体现了国家主权和人民主权互动一体的法理原则，是对于预算改革合法性目标的追索。人民主权思想或者主权的合法性，来自于民众的参与和同意。经过启蒙运动，人民主权的这一思想已经深深烙入人类社会的群体性思维中，这也已经成为一种共识和常识。但是，在现实的政治社会生活中，国家主权依然作为人民主权的让渡实现形式，而存在并依旧发挥着作用。尽管如此，人民主权作为国家主权的来源，依然对国家主权的最后控制权实行控制，这也就是代议制法理的基础。马克斯·韦伯强调，"对于公民私权的保护和公民参与，是法

理合法性的两极"①。在上述意义上，公共预算的制定和监督则是主权在民和人民主权的最好实现形式，也就是说，公共预算之所以存在，或者公共预算的合法性，就在于这是公共财权对于人民主权意志的遵守，而公共预算的正当性也就是民众同意对公共预算做出授权和确认其是否有效。从理论上来说，民众对于公共预算的审议、决策和监督就是最直接的预算民主，因为在这一预算过程中，民众的意志和政府的意志是在平等基础上的协商和交换。如果民众只是对官员和民意代表的选举有投票权，那么在投票之后，又有哪些措施能对官员和民意代表的行为进行监督和制衡哪？如果"将权力授予这些政治家，由他们具体操控预算过程；但是，这种代议制预算民主模式存在着风险"②。

从这个意义上讲，参与式预算是参与式民主理论的一种表现形式，一种实践手段和方式。参与式预算将参与民主、协商民主和代议制民主等结合起来，为广大民众了解公共权力运作以及思考、辩论和影响公共资源和财富的分配提供了一种可能，也为民众参与公共预算时保持合理性、合法性和秩序性做出系统约束。与此同时，参与式预算带来的公共预算透明度和可问责性的提高，可以帮助减少政府无效率的行为以及限制裙带主义、庇荫和腐败等现象的发生，也为参与预算保持有效性和合法性做出全面规范和保障。在参与式预算的决策过程中，民众直接参与公共预算的审议，协商并决定着公共预算的走向和规模，并监督着公共资金、公共资源和公共财富分配与使用的具体执行过程。各个参与主体参与公共预算决策，进而对预算公开、预算执行、预算监督等环节提出不断改进和完善的要求。参与式预算也通过为边缘化和被排斥的社会弱势群体提供话语权以影响关系其切身利益的公共决策，在一定程度上增强了现代国家治理的包容性。如果参与式预算实施正确，可以使政府能够更好地回应公民社会的需求和偏好，对分配公共资源和提供公共服务的绩效更加负责任。由此可见，参与式预算的确是现代国家治理的重要工具，可以有效提高现代国家治理的绩效，可以有效增强现代国家治理的权威。

---

① 马克斯·韦伯. 学术与政治 [M]. 上海：生活·读书·新知三联书店, 1998: 56.
② 邱永文. 困境与出路——民主理论中的政治参与 [J]. 中国人民政协理论研究会会刊, 2008 (03): 25.

第二节 公共治理理论

一、公共治理理论概述

治理与统治往往被交叉使用，且通常被用于对国家公共事务的管理活动中，意为控制、引导和操纵。1989年，世界银行首次运用了治理危机这一概念，随后，"治理"这一概念开始被运用到更加广泛的国家治理领域的研究中。所谓国家治理，在一定意义上是指各种公共的或者非公共（包含公民个体和社会组织）的个体和组织，对公共生活的管理及其涉及的诸多方式的总和[①]。换言之，国家的或者政府的越来越多的事务，开始由非政府组织参与并治理着[②]。罗茨（R. Rhooles）从行政学的角度概括了治理的基本含义：善治、最低限度的国家、新公共管理、运营治理或者公司治理、社会控制、社会自治，同时他也认为"治理意味着一种全新的统治，意味着以新的方式统治社会，也意味着社会应该承担政府管不起来的职能"。所以，治理应该是有效政府的基石，是有效管理的完善与补充。Oran Yang 认为治理还是"不同成员就共同利益问题解决的集体选择机制"。

现代意义上的治理依赖于四大支柱：受托责任、可预知性、透明度以及参与程度[③]。由此可见，治理已经不是单方面的行使权力、提供服务、实施管制，而是政府与市场、社会和公民之间的良性互动。尽管不同机构和专家的观点不一样，但基本认可治理的能力不在于权力而在于运用新的工具来进行引导，或者说，治理是能力和责任的体现，也是一种权威的展现。

[①] Robert Keohane and Joseph Nye, Introduction in Joseph Nye and John Donahue ed. . Governance in Globalizing World [M]. Washington: Brookings Institution Press, 2000: 12.
[②] 詹姆斯·罗西，张胜军等译. 没有政府的治理 [M]. 南昌：江西人民出版社，2001：14.
[③] 王雍君. 公共管理预算 [M]. 北京：经济科学出版社，2002：11.

二、公共治理理论的核心观点

(一) 公民治理

传统的公共行政和新公共管理对公共行政理论的主导地位的长期占据,致使公民的角色产生了局限性,仅仅是把公民定位于选择政治领导的投票人或者购买公共产品的消费者,公民意愿表达不能充分体现,公民参与被限制在了公共事务管理之外。

新公共治理理论认为,"公民治理是公民社会对国家和社会公共事物的合作治理模式"。珍妮特·V. 登哈特和罗伯特·B. 登哈特在《新公共服务——服务,而不是掌舵》中强调了只有将广泛的公民治理作为基础才能实现公民权力以及追求公共利益的可能,只有公民充分参与治理才能够使政治效果达到最佳,增强政府的合法性,从而可以实现民主目标。对于对公民治理的肯定,巴巴拉·卡洛尔(Barbara Carroll)等人也同样认为公民治理是对公共利益的体现并且对政府治理绩效具有积极意义。盖伊·彼得斯在《政府未来的治理模式》一书中指出,"与市场理念一样,公民参与早已是行政改革的主题之一,有些国家在改善行政参与方面比其他行政改革更加积极和投入"。他解释了公民参与治理本身具有促进信息公开和对话,增强了公民意愿影响政府决策方向的能力。

公民治理的基本主张:一是通过建立信任、合作、协商和伙伴关系,实现对公共事务、公共利益的实现和维护;二是公私机构的界限和责任是模糊的,政府不是唯一的权力中心,各种公共组织、私人机构或者公民个体,均可成为权力运行的参与者;三是主张构建多中心的治理模式,强调通过社会组织、公民的参与形成一个合作治理网络;四是主张公民治理的目的是实现善治①。

(二) 善治

最近三十年,善治已经成为全世界大多数国家的治理目标。"善治就是使公

---

① 王熙. 中国参与式预算制度研究[D]. 北京:中央财经大学,2010.

共利益最大化的社会管理过程"①。尽管学术界对善治标准的界定有很多不同理解,但是如下标准是被大家普遍认可的:合法性、透明性、责任性、回应性、法治性、有效性六个方面。而这六个方面,也正是参与式预算得以展开的基石,毫无疑问参与式预算是最近三十年最为成功的善治工具之一。

善治是一块现代国家治理和现代预算国家构建不可缺少的基石,它实际上是对国家权力向社会回归的过程,即通过还政于民,实现政府与市场、社会和公民的良性互动和良好合作。正如学者托马斯认为,今天的公民已经越来越不能接受这一事实,即政府的公共决策为什么必须要由那些掌握权力的,标榜着代表公共利益的,但拒绝公民参与政策过程的少数精英制定②。善治离不开公民,离不开公民和社会组织的参与,更离不开参与式预算的完善和发展。

三、公共治理理论和参与式预算的关系

公民参与治理作为一种创新的分权治理模式,实际上是在现行分权治理模式中引入了基层公民参与的责任机制。从广义上来理解,公民参与治理实质上属于一种授权,其基本原理在于地方政府对社会公众移交部分决策权和职责,增强公民在地区治理中的参与性,从而促使地方政府更加有效和负责任。同时,公民参与治理能够不断提升公民的决策能力,进一步将公民的选择转化为社会理想的行为和结果,从而强化地方政府的责任。西方发达国家即使在分权制衡体制比较完善的情况下,目前也出现了公民直接参与权在政治决策中不断提高的现象。在发展中国家,公民参与机制的运用更加普遍,公民参与治理获得较大成功的当属起源于巴西的"参与式预算"(participatory budgeting)。可见,公民参与治理模式正在日益受到重视。

参与式预算正是基于公民治理和善治的理念应运而生的。参与式预算不仅创新了政府公共预算方法、改变了传统的预算理念,而且是一种公共治理创新方

---

① 俞可平. 治理与善治 [M]. 北京:中国社会科学文献出版社,2000:8.
② 约翰·托马斯著,孙柏英等译. 公共决策中的公民参与:公共管理者的新技能和新策略 [M]. 北京:中国人民大学出版社,2005:1.

式。传统的预算制度强调政府的主导和控制，往往忽视了公民治理和公民参与，即使有"参与"，也往往仅是通过代议制下的民意代表来表达。公民参与公共预算或者参与式预算，从委托——代理理论的层面上来讲，是授权者或委托方（即公民）主动监督被授权者或代理方（即政府）财政和行为是否有效的直接路径，是公民权利的充分行使；而从善治理论上来看，公民参与公共预算或者参与式预算，是促使政府行为更加趋向合法性、法制性和责任性的有效手段。

参与式预算强调公民意见在公共预算决策、执行和监督中的作用，通过协商、讨论和监督促使预算的公共性、民主性和科学性，通过赋予公民对不合理的公共支出加以质疑和否定的权力，这在实质上体现的是一个还政于民的过程。在公共预算过程中，引入公共治理，可以减少公共预算过程中的政治黑箱，可以强化公共预算的透明性和民主性，可以在相当大的程度上提升公共治理能力。所以，参与式预算是对公共治理理念进行实践的重要方式之一，也是对现代国家治理和现代预算国家构建的重要实现方式之一。

第三节 公共产品理论

一、公共产品理论概述

公共产品理论是经济学和财政学领域中发展比较成熟的理论，是公共经济和财政学存在的理论依据，也是现代财政学的理论基石和核心观点。公共产品是市场失灵的重要领域，也是财政对资源配置的主要体现。1739年，大卫·休谟在《人性论》一书中就涉及了公共产品相关问题的分析。1776年，亚当·斯密在《国富论》中系统分析了提供公共产品的经济原因。19世纪80年代，公共经济学领域的学者们，开始将门格尔提出的"边际效用使用价值理论"应用到对公共产品的研究之中。然而，最终严格意义上定义公共产品，却是由萨缪尔森在《公共支出的纯理论》一书中所提出的，他认为纯粹的公共产品不会因为任何个体的消费，而导致其他公民对这种公共产品消费的减少。相对于私人产品的特性，公共产品具有如下特性：效用的不可分割；消费的非竞争性；收益的非排他性。

二、公共产品理论的核心观点

（一）公共产品的层次性

公共产品多层次性的形成，归因于公共需求的同质性和异质性。同质性公共需求是指根本利益和具体利益一致的公共需求，这也是公共产品的公共性。异质性公共需求，是基于个体偏好的差异性而形成的差异性公共需求，因为诉求的不一致而形成不同的利益共同体，体现在公共产品层面，就是公共产品需求的差异性。一般而言，同质性公共产品需求容易由较高一级政府来满足，全国层面的公共需求由中央政府来满足。异质性的公共产品需求要求提供满足不同群体偏好的差异化的公共产品，这就决定了拥有信息优势的地方政府更适合提供这一类产品[①]。

（二）公共产品供给的有效性

公共预算是配置公共产品的主要方式，然而如何在各类备选的公共预算收支方案之间做出决策，就必须依据全面并且有效的偏好信息，由此也就牵扯到公共产品配置的效率问题。在帕累托最优状态下，通过自由的市场生产和交换之后，没有任何公民可以能够在不损害其他公民的情况下，来使自己的福利状态得到改善。并且在这种最优配置下，可以使更多的相关利益者获得福利的最大化改善。另外，"尽管公共产品供应的有效性从根本上看是符合市场化的效率准则，但是政治决策却起着直接的作用，政府预算的安排和经费拨付都是通过政治程序完成的"[②]。因此，解决公共产品供给的效率条件和政治程序，就成为公共产品供给必须解决的问题，这也为参与式预算的兴起和发展提供了机会。另外，"林达尔

[①] 王熙. 中国参与式预算制度研究 [D]. 北京：中央财经大学，2010.
[②] 张馨. 公共产品论之发展沿革 [J]. 财政研究，1995（03）：05.

均衡"也使公民对公共产品的局部均衡问题有了更深的认识,即分摊的成本是与边际收益成比例的,也是一个讨价还价的过程。

(三) 公共需求偏好的表达和加总

偏好的有效表达是设计激励机制的根本问题,维克里"第二价格法"、克拉克—格鲁夫税、格林和拉丰机制等进行了深度的研究,认为如果能够设计出一种税收制度或者支付制度,可以使每个公民都能真实表露个人的公共产品偏好,并且"当且仅当"在真实表露的情况下,每个公民才能具有个体的优势。但是这个假设是有问题的,那就是,所设计的机制为了诱使偏好的表达,并不一定关注公共资源的有效配置。另外,由于现实生活中影响公共预算行为的因素太多,此类机制肯定缺乏现实的可操作性。

虽然,阿罗不可能定理证明了通过某种规则来集合个体偏好是不可能的,迄今为止,投票悖论仍是投票过程中必须面对的问题。但是,布坎南认为"一致同意"原则意味着"没人受到伤害,是市场效率的实质所在的这一理论",仍然有助于对公共需求偏好问题的思考。在理论上,实现一致同意有两种可能:第一,逻辑上的一致同意,即如果这一规则得到了公民的一致认可,那么执行此规则所形成的决议逻辑,也应该是一致同意的结果;第二,在参与、协商过程中实现一致同意。正如哈贝马斯等学者所强调的,在公共领域之内,任何公民与公民之间的协商,在实质上都是一种讨价还价的交往行为,其目的都是为了一种对事物共同理解的默契,而不是通过强力来强加于对方[①]。

三、公共产品理论和参与式预算的关系

公共产品的有效提供,是参与式预算兴起和发展的主要目的。科学有效的参与式预算,也是公共产品供给得以实现的重要方式之一。通过参与式预算,让公民参与公共预算或者让公民成为公共预算的决策主体,是提高公共产品有效供给

---

① 王熙. 中国参与式预算制度研究 [D]. 北京:中央财经大学,2010.

的客观要求。在参与式预算过程中，公民积极地参与讨论、协商，充分的表达自身的真实需求和偏好，从而对公共预算草案用沟通的方式实现理性的抉择，并且能够最终形成符合所有公民共识或者一致性认可的公共预算方案去执行①，是有助于提高公共产品供给有效性的。

第四节 公共选择理论

一、公共选择理论概述

在公共产品个人偏好的差异前提下，如何通过民主程序实现对公共产品供给的最佳选择，就是公共选择。公共选择理论是以《福利经济学可能前景的重述》一书中对社会福利函数的探讨为发展起点的，并在阿罗1951年的著作《社会选择和个人价值》的系统阐述的推动下，逐渐成熟。20世纪50年代，布莱克所著的《选举和委员会理论》、布坎南和图洛克所著的《同意的计算》，陆续发表。这些学者们的研究侧重于如何"将个人偏好进行加总以实现社会福利函数的最大化，或者研究在外部性、公共物品、规模经济出现的场景中如何实现合理、有效的资源配置"②。

公共选择理论的主要内容之一是对社会福祉函数的研究。与福利经济相比，公共选择理论"主张把福利经济学建立在边际效用序数论的基础之上，而不是建立在边际效用基数论的基础之上"③。罗宾斯、萨缪尔森、希克斯等人认为"效用是一种个体的主观感受，是不可量化的，不可以使用数字来衡量，也无法与其他个体实现比较。公共选择流派的另一位代表学者阿马蒂亚·森用"不可能性定理"打造了效用研究的另一个突破口。当前，学术界已经普遍认可效用理论可以

---

① 赵艳芹. 西方公共产品理论述评 [J]. 商业时代，2008 (28)：10.
② 袁政. 公共选择理论研究评述 [J]. 北京航空航天大学学报，2010 (02)：15.
③ 同上。

作为公共选择的解释①。

二、公共选择理论的核心观点

公共选择理论的核心研究成果如下：一是对投票理论的分析，把国家的公共预算决策过程看成是类似市场的由公共产品的供求双方相互决定的过程；二是财政制度中的官僚主义行为的分析，即政府机构和政府官员行为的分析。

（一）投票规则

在投票规则的设计上，一直存在两种争论——多数规则和一致同意规则。阿马蒂亚·森在《集体选择与社会福利》中坚持认为"多数规则（虽存在着一些重要缺陷）在公共选择中具有重要地位"，然而梅耶却证明"唯一确定的具有无限制定义域的、无关方案独立的、同时具匿名性、中立性和正响应性的 CCR 是多数方法……多数决定方法像帕累托扩展规则那样，满足独立性、匿名性、中立性、非负响应性、强帕累托原则，以及无限制定义域条件"②。另外需要强调的是，克努特·威克塞尔通过对集体行动的受益可能性的研究，得出"一致性规则是唯一能确定地导出满足帕累托条件的公共物品数量和税额的选举规则"。

布坎南与戈登·塔洛克在《一致同意的计算》中阐明了：由于信息不对称的普遍存在，一致同意是需要极大成本的，甚至在多数情况下"一致同意"是不可能实现的；那么退而求次优的多数原则，往往是可行的，往往是容易实现的。另外，布坎南还认为，与简单多数规则相比，包容性的多数规则，更能得到公民的普遍性的支持，也能使公共政策的制定和执行，可以按照公民的利益诉求更加公平地处理社会福利③。经济学家戈登·塔洛克指出，在实际的投票中，如果参与投票的人数总是超过备选议案的个数，那么出现投票悖论的概率就会比较小，甚至可以不用考虑投票悖论的风险。在此情况下，出现一致性投票结果的概

---

① Amartya K SEN. Collective choice and social welfare [M]. Amster–dam: North–Holland, 1970: 115.
② 阿马蒂亚·森. 集体选择与社会福利 [M]. 上海: 上海科学技术出版社, 2004: 69.
③ Buchanan JM, Tullock G. The calculus of consent [M]. AnnAr-bor: University of Michigan Press, 1962: 63.

率就会比较高,若再提出议案的更改或者中止则不会带来各方利益的增加。换句话说,"如果实际的多数投票结果确实靠近中间状态,则该结果将被大家所接受"①。经济学家休·史卓顿与奥查德的研究指出,由于直接民主的一致性同意和最优化同意是无法实现的,但是代议制下的间接投票也不是值得信赖的理想模式,因此投票的多数原则有可能导致公民对投票的不信任,由此也会降低公民的参与激情和公共政策的效率②。由此可见,当前的公共选择理论,对投票规则的研究仍然处于"左右为难"的境地。

(二) 官僚主义行为分析

唐斯和布坎南系统地论证了政党、官僚与政治家们的选票最大化问题,并指出这些人未必追求公共机构的利润,这是由于人性的弱点,使政党、官僚与政治家们会更加关注部门和自己的利益。与当前主流经济学对于市场失灵的论述逻辑相一致,公共选择学派在官僚主义分析的基础上,提出了"政府失灵"的理论,指出政府在金钱选举下未必代表民众,政治竞争的结果可能是无效率的;认为政府在短期任期内目光短浅和行为短期化,回避那些现在花费而在未来获益的政策方案;认为政府活动的低效率,政府干预越多,效率损失也越多。另外,由于社会事务的日趋复杂性,官僚主义行为对公共事物的效率问题开始更加关注。如果说代议制民主强调妥协、折中和协商,解决的是公共事物的民主性问题,那么,官僚主义的行为则更加注重迅速、及时和效果,解决的则是公共事物的效率和技术操作问题。

当前主流经济学对市场失灵的分析,是为了寻找矫正市场经济制度固有缺陷的方法。公共选择流派对于政府失灵的分析,也是为了寻找促使"重新创造政治市场"的措施和方法。弗吉尼亚学派认为,有效解决政府失灵,需要发明一种新的政治技术和民主方式,需要在技术创新的基础上实现"社会对政府权力的约束",并以此控制官员机构的蔓延滋长。由此可见,参与式预算的兴起与发展,

---

① Gordon Tullock. Public decisions as public goods [J]. Journal of Political Economy, 1971, 79 (4): 913 – 918.
② Hugh Stretton. Lionel Orchard. "Public goods, public enterprise" inpublic choice [M]. ST: Marths Press, INC, 1994.

其现实价值也与此理论的阐述十分契合。

(三) 利益集团分析

公共选择流派认为利益集团作为一种利益方向一致或者基本方向一致的利益组合体，不但具有诉求整合的一致性，还具有行动力量的组织性。在公共生活中，利益集团会通过各种途径对公共选择施加压力。基于此，公共政策和公共预算，也必然受到利益集团的影响。利益集团对公共政策的影响力，取决于利益集团的大小和整合利益诉求的能力。如果利益集团的规模比较小，人数比较少，就难以对公共政策的制定产生足够影响力。如果利益集团规模比较大，人数比较多，在其影响力提升的过程中，也必然伴随利益诉求的分化。如果"免费搭车"现象比较严重，也会降低利益集团及其成员的积极性，进而削弱对公共决策的影响力[1]。

三、公共选择理论和参与式预算的关系

公共选择理论从公共决策的角度探究选举、投票等政治问题，也探究不同的公民和社会组织在公共生活中的行为和心理，以及在这种心理和行为模式下是如何进行公共决策的。这些探讨，实际上也包含着对参与式预算问题的探讨。

在公共预算过程中，各个预算参与主体无论是有意的还是无意的，都会运用公共选择的行为和方式参与其中。比如说，由于官员目标与纳税人偏好的背离，同时由于利益集团的作用，会有很多无效的预算也会获得通过。一方面可能是由于公共产品生产过程的复杂性，如电子控制导弹系统的生产，议员们缺少这方面的专门知识，在效用评价上往往受官僚部门宣传的影响；另一方面可能是"投票交易"的缘故，议员们愿意进行投票交易，去获得别人对自己所偏爱的那些项目的支持。由此可见，参与式预算是理性的公民和利益团体，在公共预算领域进行的公共选择实践。

---

[1] 阮守武. 公共选择理论的方法与研究框架 [J]. 经济问题探索, 2009 (11): 26.

第五节 信息和博弈理论

一、信息和博弈理论概述

20世纪60年代，H. A. Simon 和 J. Arrow 等指出，不确定性是所有经济活动的基本特征，任何个人的或者集体的决策都具有许多不确定性，甚至在抉择策略和行为后果之间，也不一定具有确定性。70年代以后，G. J. Stigler 和威廉·维克里等学者进一步对不确定性进行研究，并指出任何经济行为的参与主体之间并不可能存在相当的信息量，信息量的不对等损害了市场经济运行的效率，或者说也是导致市场失灵的重要原因。正是基于这种分析，他们的研究奠定不对称信息理论的基础。

博弈论也是基于信息理论而逐渐兴起发展的，其基本观点是"考虑竞争中的个体的预测行为和实际行为，并研究它们的优化策略"。委托代理理论认为，在委托代理行为中，被授权者是代理人，授权者就是委托人，被授权者应当按照授权者的意志行使权力。J. Pratt 和 R. Zeckhauser 则给出了另一种解释，他们认为，由于信息不对称性的存在，一些公民的利益实现必须依赖于另一些公民的行为，在这一过程中，行动者就成了代理人，受到行为影响的公民就成了委托人。由于委托人在这一过程中，通过代理人实现了他们自己难以达到的利益诉求，就应该对被委托者支付一定的报酬[①]。由此可见，委托代理理论，对这一行为的界定，比较符合公共领域的实际情况。

二、信息和博弈理论的核心观点

（一）信息不对称

在信息经济理论中，信息就是减少不确定性的重要因素，信息的准确性和充

---

① 阮守武. 公共选择理论的方法与研究框架 [J]. 经济问题探索, 2009 (11): 23.

足性是决定信息是否有价值的评判标准。信息不对称就是指在公共决策过程中，不同主体之间掌握信息量的不对等和不均匀。也就是说，有些人掌握的信息多，有些人掌握的信息少。信息不对称的产生，主要有三个方面的原因：一是每个公民在获取信息时的能力是不一样的；二是公民个体背后的社会因素的影响；三是各种偶然性因素的作用。由于这三个方面因素的存在和共同影响，社会成员的信息分布是不对称的，甚至呈现着"强者更强"的马太分布规律。

在现实生活中，在公共预算领域中信息不对称普遍存在。比如说，"专家学者基于自身的相关理论背景和专业知识、研究成果提出自己的意见。其中，国家的财政调控政策、地方政府年度预算收支统计数据、公民偏好和专业理论知识等都属于与公共预算支出决策相关的信息，这一系列信息是否准确、是否充分，直接影响到地方政府公共预算支出决策的科学化、合理化程度"[①]。

（二）委托代理

20世纪初期，经济学家波利和米恩首先提出了委托代理理论，认为委托代理是一种契约关系，是代理人按照委托人意愿提供行为服务的关系，而委托人和代理人之间关于权力、责任和报酬等协商就是一种契约[②]。在政治领域，人民主权原则的人民实际上就是政治委托人，而民意代表和公职人员就是在人民的权力委托授权下的政治代理人。委托代理存在的前提就包含着信息不对称，由于信息不对称的广泛存在，被委托人未必就一定是尽职尽责的，甚至也有可能违背委托人的意愿，损害委托人的利益。

三、信息博弈理论和参与式预算的关系

公民作为国家的主人，将公共权力委托给政府和民意代表，那么政府和民意代表就是公民利益的代理人。在公共预算领域，公共预算的编制和执行作为委托

[①] 阮守武. 公共选择理论的方法与研究框架 [J]. 经济问题探索, 2009 (11): 23.
[②] Michael Jensen. Theory of the Firm: Managerial Behavior, Agency Costs, and Ownership Structure [J]. Journa lof Financial Economics, 1976, (10): 36-38.

代理关系，是公民对于政府的授权，所以，作为"被委托人"的政府有责任向委托人报告预算基本情况，并接受来自委托人的监督和评估。公共预算就是被委托人的政府部门，如何管理和分配公共资源和公共资金，并按照公民诉求将之转化为公共产品和公共服务的过程。

参与式预算本身就是公民对"人民主权"这一原则，在委托代理的权力授权下的控制和监督。通过公民对公共财政预算的直接参与和监督，有助于使政府部门强化其受托责任，有助于公共预算的民主化和科学化，也有助于公民对"人民主权"这一原则的"最后控制权"的实施和巩固。

第六节 财政分权理论

一、财政分权理论概述

20世纪80年代以来，西方主要国家为了克服"滞涨"危机，纷纷推行分权化的改革。另外，也有很多发展中国家则是从完善政府治理结构的角度，把分权当成一种政策工具和转型契机[①]。财政分权理论一直关注这样一个核心问题，那就是为什么一个国家和地区，必须需要分权式的体制？换句话说，那就是地方政府和中央政府提供公共产品应该具有什么样的差异性？由于公共产品需求的地区差异和政府信息的地区性优势，关于上述问题的思考，进一步强化着这样一种观点，让公共品和服务的供给决策权和相应财权，尽量放给基层政府，有助于提高社会整体福利。

二、财政分权理论的核心观点

（一）分权及央地责任划分

分权治理理论起源于 Tiebout（1956）"用脚投票"机制和 Hayek（1945）

---

① 林敏. 分权治理与地方政府责任研究述评［J］. 浙江社会科学，2011（08）：15.

"分散性"知识的思想。后继的经济学者在吸收上述思想的基础上，形成了早期的财政联邦主义理论，强调居民对公共品偏好的地区异质性以及地方政府的信息优势，认为把公共品供给的管理和相应财权尽量下放给地方政府就能够提高社会福利（Stigler，1957；Musgrave，1959；Oates，1972）。但早期的财政联邦制理论仅侧重于公共支出的分权，并未真正涉及地方政府的治理问题。20世纪90年代初，财政分权成为学术界解释转型国家地方政府行为和经济绩效差异的热门论题，其中"维护市场的联邦主义"理论比较引人关注，它聚焦于财政分权、地方政府激励与经济增长之间的关系，尤其强调财政激励对地方政府的重要性，从而真正引入了分权治理思想，丰富了地方政府责任的内涵。

埃克斯坦根据受益原则分析财政分权，认为为了保护个人的充分自由，政府的权力应该实现最大程度的分权，这样可以使公民私权和国家公权并行不悖，并认为还应该确保中央的财力优势。奥茨的财政分权理论，认为中央政府只应该提供具有广泛的偏好一致性的公共产品，其余的公共产品应由地方政府提供。麦桂尔认为，政府提供公共产品必须考虑成本因素，根据中央和地方之间的差异分别提供不同成本的公共产品，系统说明了政府分权的合理性，因为在某些方面地方政府的确比中央政府更有效率。巴斯特布尔提出了关于中央和地方财政支出划分的三个原则：受益可行、行动可行、技术可行。通过上述研究分析，中央政府适度集权有其理由，地方分权也有其必要性，中央政府和地方政府应该各司其职，建立分权制的财政体制成为理所当然的选择。

（二）政府责任

20世纪90年代末以来，由于引入了分权治理思想，极大地丰富了地方政府责任的内涵。分权治理模式，也开始将政治体制的建构纳入其研究领域，并重点关注发展中国家的财政分权与基层政府责任两者之间的关系。在一些发展中国家和地区，基层政府普遍存在责任缺失和腐败等问题，因此通过强化政府责任约束机制，极有现实意义。当前，我国部分基层政府"浮现出的诸多社会经济问题，无疑与中国式分权下地方政府责任的缺失有一定必然的关系"①。为此,参与式预算实践,也是对政府加强责任约束和控制的有效手段,有助于地方政府治理的优化和国家治理的现代化进程。

三、财政分权理论和参与式预算的关系

有学者指出参与式预算作为一种创新的分权治理模式,本书比较赞同这一观点,当然我们还可以更加清晰地认识到参与式预算的实质,那就是"这是在传统分权治理模式中引入基层公民和其他各个参与主体参与的责任治理机制"。国内外参与式预算实践都产生于地方、基层财政层级,而参与式预算制度的一项重要功能就是有效收集地方政府辖区内居民的需求偏好,并通过协商、讨论达成预算决议,从而促使有效配置公共资源。在大多数国家和地区,参与式预算实践是用来执行分权化的过程和手段,以及把基层政府的自主权转变为公民和公民组织可以参与和可以感知的过程和手段。经济学家 Bardhan 认为,这是在关注转型国家和发展中国家的体制机制环境中,围绕分权治理对基层政府治理具有优化作用这一目标而进行的探索。

在当前世界,任何推行分权化的治理模式来落实地方政府责任,是大多数国家和地区政府治理的核心问题。甚至可以说,公民参与分权治理,也已经成为分权治理模式的重要环节。也就是说,参与式预算需要分权式的体制机制来保障;分权式的体制机制也需要参与式预算的协同。当前,我国的公共财政资源被分散到不同层次的政府,在通过分权式实现国家治理的情况下,需要保障公民对于不同层次政府事权、财权的参与和监督,以此确保公共财政不是一个看不见、摸不着的虚幻之物,而是实实在在体现在各级政府的政府责任上②。

---

① [法]伊夫·辛多默. 亚欧参与式预算 [M]. 上海:世纪出版社,2007:20.
② 李炜光. 以参与式预算改革作为公共财政突破点 [EB/OL]. 爱思想,2009 - 10 - 09,http://www.aisixiang.com/data/detail.php?id=25505.

第三章

参与式预算的内涵及相关要素研究

通过上一章对相关参与式预算主要理论的系统分析，可以对参与式预算内涵和内在机理有更为准确地把握。本章主要从参与式预算的兴起和发展的原因、内涵、参与动因、发展原则、固有局限、必备条件、自身定位和功能前景等方面，从理论层面对参与式预算进行系统分析，进而科学地界定参与式预算的内涵和相关要素。

第一节 参与式预算兴起和发展的原因探讨

一、参与式预算是经济社会环境的客观要求

随着市场经济和公民社会的发展，民主政治与财政分权已经成为世界各国的发展共识，促使参与式预算在经济社会环境的客观要求下成为大势所趋，也促使公共预算成为各国经济、社会体制和政治转型的重要突破口。众所周知，经济基础决定着上层建筑，那么参与式预算的兴起与发展，与一个国家或者地区的经济社会环境也必然有关。20世纪80年代末期的巴西，经历了多年的军事专政时期，正处于从独裁到民主的转型阶段；长期为巨额的外债和严重的通货膨胀所困扰，经济几乎处于停滞状态；政府服务和公共产品分配严重不平等，是世界上收入差距最大的国家之一；财政方面，盲目投资、支出失控、入不敷出、负债累累，出现严重的财政危机；政府机构蒙上了腐败、保护主义和裙带主义的阴影，地方政

府治理大多陷入无为和混乱状态。正是在应对这一政治困境、经济困境和财政困境时，参与式预算在巴西应运而生。在巴西不少城市逐步推广后，作为有着相似经济社会文化背景的拉美其他国家也开始尝试参与式预算。

另外，大众社会到来、社会分层的出现、利益多元化、社会矛盾多发等经济社会现象的出现，促使现代国家寻求国家治理的转型，也促使参与式预算的兴起与发展。王雍君教授在讲座时强调，从财政社会形态来看，当一个国家从"税收国家"向"预算国家"转型时，如果"聚财能力"一直强于政府"花钱"能力，这也被称之为"斯芬克斯"之谜。那么如何运用好公共预算对财权进行制衡，就成为一个必须要回答的问题。换言之，参与式预算的兴起和发展，为制衡政府的"聚财能力"提供一条思考并解决问题的途径。

二、参与式预算是现代国家权力结构的客观要求

自国家预算诞生以来，就一直披着神秘的面纱，成为普通民众不可企及、无缘参与的神秘领域，也成为暗箱操作十分严重的神秘领域。长此以往，任何一个国家的政府权力都有面临失控的风险，产生公权力滥用、部门利益膨胀、寻租腐败等现象。民主决策、市场经济、社会变迁与财政变迁对传统国家权力结构带来了巨大的挑战，社会变迁与财政变迁对传统的国家治理模式带来了巨大的挑战，重构国家权力结构迫在眉睫。

19世纪之后，随着民主政治时代的开启，权力的职责、管控和制衡被引入到公共预算中去，在一定程度上塑造了现代国家权力结构的基本构架。进入20世纪70年代，公共财政成为现代国家权力结构的重要组成部分，并在一定程度上引导或者推动着现代国家权力结构的现代化转型进程。如同马斯格雷夫所言"税收是现代民主制度兴起的先决条件"[①]，那么，我们也可以说，公共预算是国家权力结构转型的题中之意，是纳税人及代议制民意机构控制国家权力的重要内容。预算参与的合法性和合理性，将极大推动民主化进程，可以促进民

---

① Musgrave. Theoriess of Fiscal Crises: An Essay in Fiscal Sociology [M], Washington, D. C: The Brooking Institution, 1980: 363.

主、法治、人权的完善，也有利于现代国家权力结构的优化。换句话说，参与式预算本身就是国家权力结构转型的重要一环和基础条件。当前，在我国的很多地区，广大公民仍然缺少诉求表达的有效途径，甚至采用非正常方式表达诉求的"上访"等激进措施也是不难想象的。在传统的垂直控制的治理模式下，大部分地方政府的责任机制来源于行政问责，甚至我们也可以说，随着"问责惩罚力度加强和维稳支出变大"的双重压力，在一定程度上也促使基层政府产生了推行参与式预算改革的内在动力。

三、参与式预算是完善代议制民主制的必然要求

参与式预算是针对现代民主的缺陷提出来的，在人类社会民主化的过程中，代议民主虽是必要的形式但并不是充分的民主。因为代议民主是一种间接民主，主人和主事是分开的，无法回应社会丰富的权利需求，以及无法为日益复杂和技术化的现代行政提供具体指令。但是，在当今社会，公共事物的日趋复杂和瞬间万变的特征，对传统的国家治理模式提出了挑战，不可能再完全采用古雅典式的直接民主形式，只能采用代议制民主。代议制通过选民行使投票权，选出具有一定专业知识、技能的官僚执掌公权力对公共事务进行管理，有利于提高效率，降低管理成本，并能保证大部分决策的理性化。虽然代议民主制具有固有的一些弊端，比如无法充分满足公民的需求，权力使用的精英化，民意代表的受托责任往往不受约束等，代议制的安排降低了公民对公共事务的参与度，使公民的参与权遭到削弱，但是代议制民主也只能是目前现代大规模社会治理的唯一选择。

参与式预算让非选举产生的民众参与到公共预算的酝酿和分配中来，在一定程度上实现了直接民主与间接民主的结合。因此，在全球范围内看，通过在公共预算过程中提供了民众参与的最佳平台，形成了对政府的权力制衡关系的优化，使得作为代议制重要机构的议会或者人民代表大会的监督作用日渐突出，这本身就是完善代议制民主制度的有益探索。由此可见，参与式预算的兴起与发展是完善代议制民主制的必然要求，也就是说参与式预算并不是对传统代议制选举的替代，而是与代议制民主制一起对现有民主模式进行着补充和完善。

第二节 参与式预算的内涵研究

一、学术界对参与式预算内涵的研究

虽然参与式预算这一概念的提出，是从拉美国家的巴西，以及后续推进国家的众多预算改革实践中，逐渐总结出来的，并不存在事前约定这一概念和实践的现象。国际公认的最早的参与式预算实践，是在巴西南部的阿雷格里港市兴起并发展起来的。参与式预算在最初探索时，并不存在有意识改革预算参与式模式的想法，只是为对公共资金和资源的分配和使用形成制约和监督，但是后来的发展却表明，此种探索在一定程度上促进了公共预算的民主化、科学化和有效化。

对于参与式预算这一概念的内涵界定，有关机构和专家们至今还存在众多不同的表述。联合国认为，参与式预算是"人们对于全部或部分公共资源配置的决策制定或参与决策制定的机制"。在这一界定中，着重强调了对于公共预算决策的参与作用，至于是参与部分还是全部的公共预算项目不是关注的重点。

国际行动援助组织认为，参与式预算是在预算编制、审议、执行，以及监督过程中的公民参与。这一界定，不仅关注公共预算的决策阶段，还关注公共预算的其他方面，强调是对公共预算全过程的参与。

学者 Carol Ebdon 以及 Aimee L. Franklin，在综合 King、Feltey、Susel、Berner、Miller 和 Evers 等学者的研究，系统地得出参与式预算的五个基本因素：第一，决策知情权；第二，参与主体参与的积极性和能力；第三，公民社会的支持程度；第四，参与权力对影响预算决策的力度；第五，各参与主体或者组织之间是否形成已经改革的共识[①]。

美国学者 Yves Zamboni 则认为，任何公民，包含具有专业素养的学者、代表公权力的政客和普通公民以及各种社会组织，都应该是这一预算改革实践的参与

---
① 陈家刚.参与式预算的理论与实践[J].经济社会体制比较，2007（02）：26.

者和拥护者。只有形成合力，公共预算治理才会更加有效。由此可见，Carol 和 Airaee 这两位学者，都在全面系统总结的基础上，对参与式预算的内涵给予了科学界定。

陈家刚、陈奕敏这两位学者指出，参与式预算是我国地方政府进行治理改革的"大手笔"，参与式预算的兴起与发展"使直接民主与代议制民主能够有效结合，是公民直接参与决策的一种治理形式"[①]。苏振华则认为，参与式预算是"居民在公共预算制定过程中的协商参与，并指出不仅使得政府公共决策具有了政治上的合法性，还能促进公共投资效率的实现"[②]。徐琦和陈剩勇则在运用政治民主理论分析参与式预算后，得出"参与式预算在创制基层政治与政府的合法性、建构公共理性以及引导地方公共决策的理性化等方面所具有的规范性价值"[③]。王雍君则通过对国内外参与式预算实践案例的剖析，得出参与式预算是公民通过参与这一形式，对基于受托责任而具有公共权力的政府的民主控制[④]。上述几位学者的研究分析，基本上已经代表了当前我国主流学者们对预算参与、预算民主和参与式预算的基本认识。

学界的上述论点从学理意义上讲并无不妥，甚至颇有见地，但均没有从逻辑上提供必要的理论前提和依据，也尚未有统一的内涵标准和概念界定。

二、参与式预算内涵的界定

结合学术界对公共预算和参与式预算的相关分析，本节尝试对参与式预算的内涵进行理论界定。参与式预算在众多国家和地区的实践中表明其没有统一的标准和界定，任何一处的实践模式都具有唯一性和独特性，因为各地的实践模式受到各地的历史文化传统、社会成熟度、民众心理、政治文化习惯，以及经济发展水平、财力充足程度、社会结构和社会组织关系等因素的影响。

---

① 陈家刚，陈奕敏. 地方治理中的参与式预算 [J]. 公共管理学报，2007（07）：56.
② 苏振华. 参与式预算的公共投资效率意义——以浙江温岭市泽国镇为例 [J]. 公共管理学报，2007（03）：20.
③ 徐琦，陈剩勇. 参与式预算与地方治理：浙江温岭的经验 [J]. 浙江社会科学，2009（11）：15.
④ 王雍君. 基层预算改革：融入制度化的公民参与 [J]. 中国改革，2010（04）：27.

基于公共预算构建的我国参与式预算研究

若是把参与式预算简单定义为,是一个民众和非政府组织通过它来决定预算的原则、程序和过程,人民参与预算是决策过程中的一个重要阶段。这种界定是与巴西的实践模式相接近的,但却与我国的多地实践事实不符。显然,"环境不同,对参与式预算的理解以及参与式预算的进程都会有所不同;随着巴西民主化进程的深入,参与式预算成了旨在遏制新自由主义浪潮的激进民主项目;在中国由于缺乏政体层面的民主化,参与式预算就成了一种地方民主策略;在巴西,劳工党希望通过参与式预算争取更多选票,而在中国则是通过参与式预算来完善国家治理"①。

由此可见,参与式预算实践不具备统一的实践模式,其概念界定也不具备可以完全统一的理论范畴。甚至也可以说,参与式预算实践并不拘泥在一个单一的模式上,而是可以用不同的形式表现出来。但是,经过对涉及参与式预算内涵的学术研究的剖析,可以知道几乎所有的界定都在强调体现共性的理念:直接民主、普遍参与与适度、自我管理、公民权利、参与的理性、参与的效率,这是一个涉及多维度学科知识的概念——预算和财政、民众参与、司法、区域性和治理等维度。

因此,本书认为参与式预算是民众通过"参与"对公共预算的决策、执行和监督等各个(或者某些)环节所进行的民主化、科学化和有效性的保障与促进,既包含着动态的促进过程和行为,也包含着静态的体系构建和制度模式。在第一层面,参与式预算是指公民和公民社会能够决定或者有助于决定部分或全部可支配的公共资金、公共资源或公共财富的预算机制和过程,可能是在公共预算的准备、决策、执行或监督的某一环节进行参与,也可能是在多个或者全部环节参与。当然从参与式预算的制度完备性和实践有效性的角度看,最好是在公共预算过程的全环节都具有预算参与。在第二层面,参与式预算是动态的管理和参与协同的行为模式,旨在保障预算决策的民主性、科学性和有效性。也就是说,在公共预算领域,民众的预算参与是对民众利益、权力和自由的最好维护方式。在第三层面,参与式预算也包含了对公共预算的体制机制或者制度环境的优化改

---

① 陈家刚. 参与式预算的兴起与发展 [N]. 学习时报,2007,01 (29):6.

良、预算技术的改进和完善,以及对各个参与主体的预算能力和参与积极性的提升和培育。在第四层面,参与式预算是指在民众赋权的基础上进行的事关公共预算的参与和运作,也只有在民众赋权的前提下,预算的参与和运作才能是可以被认可的参与式预算,参与式预算也才可以超越公共预算的单纯技术性形式成为更为广泛的国家治理体系的重要组成部分。

三、参与式预算的参与主体界定

关于参与式预算参与主体的界定,是否把职业政治人或者官僚阶层除外,是否应该包含所有合格的公民?亨廷顿指出"政治参与是平民试图影响政府决策的活动"[①],因此参照此观点,参与式预算的预算参与主体,应该仅仅是指普通公民,而不应该包括公职人员。但是如果考虑到公职人员在工作之外也是普通的公民,那么把公职人员排除在参与主体之外的界定,就是不准确的。政治学家密乐认为参与主体应该是"从事这类行动的任何人,无论他是当选的政治家、政府官员或是普通的公民"[②]。于是,本书赞同戴维·密乐教授的观点,认可在政治参与的广义范围内,参与式预算的参与主体应该包括所有的公民和公民团体。由此可见,在我国的参与式预算实践中,参与主体应该是包含所有与公共财政预算有着利益相关的公民、社会组织以及国家各组成部分(党委、政府部门、人大及相关部门),当然也包含民意代表(人民代表)。

四、参与式预算的参与环节效果分析

参与主体对公共预算不同环节的参与,也决定着参与式预算实践效果的不同。如果在公共预算准备环节参与,将会影响公共预算编制的顺序,对公共预算项目是否优先考虑起到作用;如果在公共预算编制环节参与,将会使公共预算决

---

① [美]塞缪尔·亨廷顿,琼·纳尔逊. 难以抉择——发展中国家的政治参与[M]. 北京:华夏出版社,2006:5.
② [英]戴维·密乐. 布莱克维尔政治学百科全书[M]. 北京:中国政法大学出版社,1998:563.

策主体对公共预算方案的决策权产生影响。如果在公共预算执行环节参与,将会对公共预算中执行的有效性、合法性和合规性产生监督作用,也会使公共产品和公共服务的供给更加有效和公平。如果在公共预算监督环节参与,将会对公共预算的审计产生影响,会使得公共预算执行的评估更加真实和有效。

表3-1　　　　　　　参与式预算的参与环节效果分析

参与环节	影响效果
预算准备	会影响公共预算编制的顺序,对公共预算项目是否优先考略起到作用
预算编制	会使公共预算决策主体对公共预算方案的决策权,产生影响
预算执行	会对公共预算中执行的有效性、合法性和合规性产生促进作用,也会使公共产品和公共服务的供给更加有效和公平
预算监督	会对公共预算的绩效性和合法性审计产生影响,会使得公共预算执行的评估更加真实和有效

第三节　参与式预算的过程中参与动因分析

作为理性的经济人,任何公民的预算参与行为都具有趋利避害的特点,其预算参与的行为依据也会坚持利益最大化这一原则,因此寻求帕累托最优或帕累托改进的不断优化就是任何公民和社会组织的理性行为。但是由于不完全信息在现实经济社会的普遍存在,也就是信息不对称问题的普遍存在,绝对意义上的帕累托最优,即最具效率的行为是很难实现的,那么取而代之的或者更具有现实意义的参与形式,就是博弈均衡状态的纳什均衡。换句话说,在公共预算决策中博弈无处不在,特别是在参与式预算过程当中,各个预算参与主体为了获取自己利益的最大化,也在不断地相互竞争。因此在影响公共预算决策的制定和执行过程中,各个参与主体便会自然而然的具有一种趋利避害的内在驱动力,当然这也会在参与方互相博弈的过程中达到纳什均衡。因此,本书尝试用博弈论来研究各个预算参与主体为什么要以及如何在公共预算决策制定的过程中发挥作用①。

---

① 本节内容是在与师兄王远伟博士深入讨论基础上形成的,在此表示衷心感谢。

一、势均力敌情况下的动因分析

假设在公共预算的决策制定中,各个预算参与主体具有互相对称的完全信息,也就是说各个参与主体互相知晓各个参与主体的诉求、偏好、策略选择和选择时机;或者各个参与主体不同时选择行动,但是后续行动者并不知道先前行动者的策略选择。因此为了进行博弈分析,我们假设在公共预算决策的制定中,存在两类参与主体或者利益团体 N = {1,2}。另外,我们也知道任何参与行为的实现,都是需要成本投入的,也就是说公共预算决策的最终达成或者付诸行动是各个参与主体或者利益集团投入成本的函数,每个参与主体的成本用 $s_i \in \{0,1\}$ 表示,确定参与主体 1 偏好的公共预算决策是 0,而参与主体 2 偏好的公共预算决策是 1,政府偏好的公共预算决策是 1/2,但政府最后的公共预算政策受参与主体成本投入影响,设最终公共预算决策 $tp(s_1, s_2) = 1/2 - s_1 + s_2$。此时把两类参与主体或者利益集团的效用函数用二次方的形式来表示,使其具有拟凹的性质,即:

$$u_1(s_1, s_2) = -(tp(s_1, s_2))^2 - s_1$$
$$u_2(s_1, s_2) = -(1 - tp(s_1, s_2))^2 - s_2$$

将公共预算决策函数代入参与主体效用函数中,得到:

$$u_1(s_1, s_2) = -(1/2 - s_1 + s_2)^2 - s_1$$
$$u_2(s_1, s_2) = -(1 - (1/2 - s_1 + s_2))^2 - s_2$$

求一阶函数,得:

$$2(1/2 - s_1 + s_2) - 1 = 0$$
$$2(1 - (1/2 - s_1 + s_2)) - 1 = 0$$

求解最终得到两个参与主体的最优反应,即:

$$b_1(s_2) = s_2$$
$$b_2(s_1) = s_1$$

从上述函数关系我们可以得出,在构建两个参与主体或利益集团最优反应的博弈模型中,纳什均衡并不是唯一的,因此只要满足 $s_1 = s_2$,即两个参与主体付出同样的成本,就构成一个纳什均衡,因此该纯策略纳什均衡集为:

$$\{(s_1, s_2) \in [0,1]^2 : s_1 = s_2\}$$

因此,在公共预算决策的一次博弈中,两个参与主体在成本投入相等时形成了纳什均衡,但是公共预算决策的结果还是1/2,即任何一个参与主体也没有让公共预算决策朝自身的诉求和偏好进行改变,但是参与均衡也同样没有使任何一方的诉求和偏好进行了偏离,因此,这一态势也可以解释为两个势均力敌的参与主体在公共预算决策制定中所形成的影响力相互抵消。与此同时,我们也看到,在上述公共预算决策的博弈过程中,纳什博弈是缺乏效率的。由于同时进行选择,任何一方的行为都会受到另一方的影响,因此对任何一方来说,投入成本是其占优选择,因此只要各参与方都投入了,成本就大于零,尽管可能不会对最终的公共预算决策制定产生影响。另外,在多个参与主体都进行参与竞争时,我们通过静态博弈分析,观察到最终由于各个参与主体之间影响力的相互抵消,公共预算决策的制定没有受到参与主体的影响,但是即使在这种极端情况下,参与主体还是付出行动,积极地参与到影响决策制定的过程中。也就是说,在此种情形下,必然会存在两种解释,其一就是"谁不参与,谁的利益会受到损失",另一就是"谁参与了,谁的利益或许会得到改进",在这种概率思考下,就可以解释各个参与主体的参与行为是否积极。总之,在势均力敌的情况下,公共预算决策制定因为必然涉及各个参与主体的利益,因此只要公共预算决策涉及各个利益诉求方的切身利益时,各个参与主体或者利益集团必定会通过参与进行利益的维护。

二、力量不均衡情况下的动因分析

在此假设情形下,我们假设依然存在两个参与主体或者利益集团,用 $N = \{1,2\}$ 来表示,同时我们也假设这两个参与主体试图影响某项公共预算决策制定,但是他们的力量并不存在均衡,即 $N_1 > N_2$,此时把其影响公共预算决策的实力,分别用 $s_1 \geq 0$ 和 $s_2 \geq 0$ 来表示。由于在公共预算决策中上述双方拥有完全对称的完全信息,那么我们就可以知道上述双方必然都会充分考虑对方及自身的参与成本问题。另外我们也知道,当参与主体的绝对成本投入达到临界值,衡量相对成本(绝对成本与自身财力的占比)就会更加容易评判各参与主体的竞争优势。在此,假设参与主体发生的相应成本 $c(s_i) = k_i s_i, k_1 < k_2$,即参与主体 1 的相对成本要是低于参与主体 2 的,或者说参与主体 1 具有更加明显的参与优势,设参与主体的效用函数(取决于影响力)为:

$$u(s_1, s_2) = \sqrt{s_1 + s_2};$$

那么每个参与主体的影响力函数则是: $\sqrt{s_1 + s_2} - k_i s_i$;

根据标准式博弈(双方同时进行选择),求解纳什均衡:

$$\sqrt{s_1 + s_2} - k_i s_i,$$
$$s_1 \geq 0,$$
$$s_2 \geq 0,$$

解不等式约束下的最优化,根据 Kuhn-Tucker 优化方法,利用拉格朗日乘数 λ_i 化解不等式,即:

$$\sqrt{s_1 + s_2} - k_i s_i + \lambda_i s_i,$$

纳什均衡一阶条件:

$$\frac{1}{2}(s_1 + s_2)^{-\frac{1}{2}} - k_1 + \lambda_1 = 0$$

$$\frac{1}{2}(s_1 + s_2)^{-\frac{1}{2}} - k_2 + \lambda_2 = 0$$

松弛性条件:

$$\lambda_1 s_1 = 0$$
$$\lambda_2 s_2 = 0$$

约束条件:

$$\lambda_i \geq 0, s_i \geq 0$$

从上式中可以看出，纳什均衡解必须满足约束条件的上述四个方程的解，但是将一阶条件方程代入松弛性条件和约束条件，即：

$$s_1 \left[k_1 - \frac{1}{2}(s_1 + s_2)^{-\frac{1}{2}} \right] = 0$$

$$s_2 \left[k_2 - \frac{1}{2}(s_1 + s_2)^{-\frac{1}{2}} \right] = 0$$

$$k_1 \geq \frac{1}{2}(s_1 + s_2)^{-\frac{1}{2}}$$

$$k_2 \geq \frac{1}{2}(s_1 + s_2)^{-\frac{1}{2}}$$

由此可知，在上述条件下无法得到参与主体影响力 s_i 都大于 0 的解，与此同时，我们也发现 $s_1 = s_2 = 0$ 也不是纳什均衡的解，因为它不符合 $k_1 \geq \frac{1}{2}(s_1 + s_2)^{-\frac{1}{2}}$ 的条件，那么在此时，我们只能考虑角解的可能性，设 $s_1 = 0$ 并且 $s_2 > 0$，于是得到 $k_2 = \frac{1}{2}(s_1 + s_2)^{-\frac{1}{2}}$，也就是 $k_1 \geq k_2$，通过验证发现这与之前的假设存在矛盾，也就是说也不是纳什均衡的解，那么就剩下唯一的均衡解是：$s_1 > 0$ 并且 $s_2 = 0, s_1^* = (2k_1)^{-2}$。也就是说，在力量不均衡的情况，这个博弈模型当且仅当有一个纳什均衡的解，也即是实力较强的参与主体应该施加影响力 $(2k_1)^{-2}$ 以进入并干预公共预算决策的制定，而另一方最好的参与策略是不施加影响力，因为施加影响力也不会造成对公共预算决策制定的影响，反而是对原有预算资源的浪费。于是我们获得如下结论，在各参与主体力量不均衡的情况下，任何参与主体即使已经明确了所有参与主体的完全信息，那么在博弈选择的均衡态势就是"实力决定参与，弱势一方将不会参与"。当然在非均衡路径选择上，也许还会存在另一可能，那就是弱势一方虽然知道已经毫无作用，但是仍然会全力参与，以此增加对方的参与成本。总之，参与公共预算决策是任何涉及自身利益的参与主体或者利益集团的理性行为。任何参与主体的广泛参与都促使公共预算决策的多元化和理性化。另外，从参与主体或者利益集团在力量均等和不等情况下的参与博弈，可以证实"参与是维护自身利益的最好选择"，也是一种最优的选择。

第四节 参与式预算的发展原则

参与式预算不仅反映了对公共预算方案的选择，也是一种国家治理的政治和法治过程。那么，参与式预算究竟有何发展原则？Ubiratan de Souza 在总结巴西预算实践经验的基础上，认为参与、公平、竞争、公开、平等、宽容、效率、透明等核心价值，值得肯定。然而本书在研究中认为，代议制民主与直接民主的结合、基层自治和公民权利的保障、预算信息的公开透明，以及预算参与和制度的合法化、秩序化有效性和理性化等原则，更值得坚持并发展，因此，本节尝试从这几个方面作以分析和界定。

一、代议制民主与直接民主的结合

代议制民主与直接民主的结合，实际上是坚持普遍和适度相结合的原则。一些学者常以参与的范围广、规模大来衡量一个民主和国家治理的程度，虽有一定的合理性，但并不完全正确。在人类社会发展的历史上，直接民主虽是必不可少的民主实践形式，但一直并不是最充分的民主运作模式，在当下的社会经济条件下，直接民主更不可能解决参与规模、多数暴政和机制僵化所带来的机构臃肿肥大等问题。在参与式预算中，不管一个公民的政党、组织或宗教背景如何，每一个公民都拥有参与公共预算的权利。任何公民不得在直接民主的过程中享有特权，也没有人能被授权成为参与式预算的代表或议员。从某种程度上而言，参与式预算改革只是实现了部分的基层民主，而尚未触及代议制民主的本质缺陷。因此，参与式预算实践的发展，必须既要坚持普遍参与的原则，也要坚持适度参与的原则，也就是说参与式预算的完善和发展需要在代议民主和直接民主之间寻找到平衡。

二、基层自治和公民权利的保障

参与式预算与传统的预算实现形式相比,注重了在公共预算过程中对公民参与的引入和对公民社会话语权的重视。传统预算将普通公民排除在国家预算编制和执行之外,"是政府各部门分析民众的需求然后结合财政资金情况而形成的预算,至于财政资金是否用于民众最需要的地方,是否具有公平性和公开性则很难有保障"①。由于参与式预算不是简单的预算咨询过程,而是公民对整个公共预算过程的参与、监督以及问责,那么就必须要求参与式预算在改革和发展过程中坚持基层自治的原则。只有参与式预算实践的自治和自我管理,才能真正避免来自公共权力部门,尤其是行政部门的单一、垄断或者独裁的干涉,从而使参与式预算变成各个相关利益主体的共同事情和公共事物。另外,在参与式预算实践中,社会弱势群体的利益诉求也能充分体现在公共预算执行中,那么这本身就是参与式预算对于公民权利的承认和最好保障。

三、预算信息的公开透明

公开、透明的公共预算,便于公民和社会组织对公共预算决策的审议和执行的监督,在一定程度上有助于防范公共权力部门的不作为和防治官员寻租腐败。只有将决策公共预算的会议从暗箱转移到公民可以监督的地方,公共预算编制权力才能成为阳光下规范运行,也只有这样,公民才会对公共预算编制保持浓厚的参与兴趣,因为公民觉得公共预算"开始成为他们自己的事情了",这是他们在行使维护自身利益的参与权。公共预算信息的公开透明,有助于公共预算编制的科学化,也有助于公共预算执行和监督的有效性和规范性。更为重要的是,公共预算信息的公开透明是参与式预算改革的前提,否则就谈不上参与式预算了。

---

① 陈家刚. 参与式预算的兴起与发展 [N]. 学习时报,2007,01 (29):6.

四、预算参与及制度的合法化

由于信息不对称、代理人偏好等原因,委托代理形成的预算结果往往会偏离委托目标,出现民意表达与最后执行的差距或者误差,容易使公共预算形成合法性危机。因此,对于参与式预算来说,公民参与能否影响公共预算决策、执行和监督等环节,必然涉及合法化的问题。此处"合法化"是指法律意义上的合法化,民主政治是一种法治政治,预算参与的自由也是以符合宪法和法律的规范为基础的。也就是说,参与式预算实践的发展和完善,必须是在宪法和法律思维框架内进行有序推进。

预算参与的合法化应该是对现存宪法法律和基本政治制度的遵循,以及对现有的参与渠道、途径和方式的合法利用。在任何一个国家里,基本政治制度和财政制度是程序性的制度支撑,宪法法律是强制性的行为准则,二者为规范和引导参与式预算的发展,提供了既定合法性的制度保障。

五、预算参与的秩序化

参与式预算在推进公共预算民主化和公共财政建设层面具有积极价值,但是也容易带来消极的影响。例如,导致财政支出超过预算额度,或者参与者仅仅关注资源获取而忽视利益平衡和社区长远利益的维护问题,等等。因此,在积极鼓励和参与激励等推进参与式预算实践的举措之外,还应该包括对于公民预算参与秩序的规范和维护。参与式预算发展和完善的秩序化,是在特定环境下对社会政治经济秩序的遵守,这也是一种利益关系的均衡,有助于降低各参与主体的交易成本,也有助于公共预算改革的稳步推进。当参与秩序成为各个参与主体的内在价值和内化思维时,参与式预算的实践价值才会得到真正的实现。从世界多国的公共预算实践看,对于社会秩序来说,并非无限度的预算参与就越能实现预算民主的价值。关于这一点,美国学者塞缪尔·亨廷顿早在《变化社会中的政治秩序》一书中做过较为透彻的论述,认为如果一个国家的公民参与过快,甚至超出了制度和法律的容纳极限，就会引发参与不稳定，甚至会出现所谓的"参与的危机"。因此，参与式预算必须要坚持秩序化原则，否则就可能成为国家治理和社会秩序的破坏力量。

参与式预算"秩序化"，就是依据共同的社会游戏规则——社会公共生活的契约精神，以确认的方式和程序进行的预算参与。没有既定秩序，违反程序和规则的预算参与，不仅无助于公共预算改革的深入发展，甚至还有可能对社会道德和宪法法律带来冲击。参与式预算发展的秩序化，有利于公共预算改革的健康发展，也有利于国家治理体系的稳定与和谐。

六、预算参与制度运行的有效性

参与式预算作为一种极富生命力的新生事物，其推广意义是无法估量的，但是，也必须要充分考虑到参与式预算的有效性，也就是成本和绩效评估。成本是指参与式预算的全部投入，包括启动费用、人工成本和各项相关支出等可以量化的费用。绩效不仅是指可能节约的资金，而且可以依据绩效评估做好一些非经济性的指标，如项目质量检测和居民满意度评估等。若是公民参与预算决策，能够促进欠发达地区和弱势群体境遇的改善，使公共资源的分配更加合理更加符合正义原则，这也是参与式预算有效性的重要表现。因此，我国参与式预算改革实践坚持合法化原则的基础，就在于如何积极进行预算参与，广泛地扩大参与主体，深入地扩展参与内容，以及技术、程序和制度方面的完善，从而使参与式预算保证有效性。

七、预算参与及制度的理性化

参与式预算实践发展的理性化原则，在参与主体层面是指预算参与在自主化和清醒化前提下，对于预算原则、诉求和预期的合理表达以及维护，而不是处于集体无意识或者盲从状态。在参与模式层面，是指参与式预算实践模式、制度和程序的完备，也意味着预算模式、制度和程序能够自我更新和变革。与此同时，理性的参与式预算实践，也是一种帕累托解决的不断优化或者趋向于最佳状态的帕累托解决。理性化参与，是一种平衡的预算参与，不仅包括公民对于公共财政和公共预算的理性进入，也包括公民对于公共财政和公共预算的理性退出。因为那些对特定预算事物不了解、缺乏预算专业知识的社会成员退出某些领域的预算参与，不仅可以降低对于公共利益或者公共预算做出错误判断的可能性，也可防止非理性大众情绪广泛传播而造成的不可控制局面，还可提高预算参与的质量和民主决策的准确程度，也就是促进公共预算的科学性、民主性和有效性。因此，参与式预算实践的有序发展应该是理性化的。

当然，公民参与式预算的理性退出，必须是公民自愿的，而且这种自愿退出的数量不能太大，如果比重过大的一部分公民不能参与，那就是参与式预算实践在模式设计上的严重缺陷，也就违背了有参与式预算和参与式民主的主动自觉化原则。理性预算参与退出的前提，是所有参与主体的诉求和利益都是能够得到保障的，即使是预算参与退出了，但是作为委托人依然可以对公共预算的最后控制权进行掌控，这也是"主权在民前提下公民社会对于公共权力归属的最后控制"在公共预算领域的一种体现。

第五节

参与式预算的自身定位

参与式预算是公共预算的重要实现行之一，给了公民获得政府运作的第一手资料的机会和参与渠道，有助于公民对公共预算编制的参与，有助于形成对公共预算的问责和监督。但是，参与式预算并不是尽善尽美的，而是存在本性固然的局限，其本身就是一个矛盾的综合体。另外，参与式预算在促进产业和区域经济发展、改善公共服务、提高低收入群体保障水平等方面的作用有限。思考并研究参与式预算自身局限这一问题，目的是在推进参与式预算时弃"恶"扬"善"，更好地发挥参与式预算的积极作用。这些局限表明参与式预算方案只能在有限程度上克服社会和政治排斥，以及在有限程度上促进社会正义。当然，在参与式预算实践也存在自身的局限，比如说，参与过程容易被特殊利益集团利用，而这种被利用所带来的风险,甚至进一步加剧着国家治理的泛权力潮流和精英主义倾向。这些局限也表明,参与式预算只能在公共预算体系中发挥有限的作用。

一、参与式预算是公共预算的重要实现形式之一

参与式预算是对公共预算改革的重要实现形式之一,是公共预算改革重要组成部分,是公共预算改革的题中之意,是完善公共预算体系的有益探索。作为可以协商和可以问责的国家治理工具,参与式预算的重要价值已经被改革者、预算实践者和专家学者们所赞许,并已在世界上一些国家(无论是发达国家,还是发展中国家)以多种形式和不同方式所实施并继续运行着。

众所周知,公共预算本身具有两个最为重要的特征:公开和参与。从人民主权理论上讲,公民对于公共预算拥有天赋的知情权和参与权,对于公共预算的参与在实质上就是一个利益平衡和再平衡的博弈过程。参与式预算的兴起与发展,为广大普通民众提供了了解、影响和制衡政府运作公共资金、公共资源的机会,有助于建立政府与公众的对话系统,也有助于改变政府执政的非理性行为。另外,参与式预算本身所具有的参与特性,以及其对预算公开和透明的要求,其本身就是对公共预算体系的发展和完善。

二、参与式预算不能包治公共预算的"百病"

由于参与式预算存在不可避免的缺陷,如公民参与行为存在大量短视行为、其体制机制运行过度依赖政府的支持、在预算抉择中难以平衡局部利益和整体利益之间的冲突、在公民或者公民团体之间存在不可解决的偏好不一致问题、以及预算的技术性专业性和普通民众诉求之间天然的存在不可调和的冲突等,致使参与式预算不是"万能药",不能包医公共预算体系的"百病"。另外,由于预算参与行为过程中,会不可避免地存在被利益集团利用的机会,致使参与式预算在表象繁荣或者光辉形象之下,可能会掩盖公共预算政策制定的不民主、非公共性和排他性。而且,公共预算参与的过度民主也会导致"民主的暴政",进

而可能有损公平正义和社会宽容。

在一个理性的社会，或者存在纯粹理性的地方或者方面，任何的表决都是无助于增加公共理性的，也不会导致公共福利的增加，甚至因为参与和表决，有可能增加了公共福利的成本，进而影响到社会福利的帕累托优化。尽管如此，参与式预算依然是公共预算改革走向更为宽广舞台，并在国家治理中发挥更重要作用的利器之一。因此，以参与式预算改革的深入，切实推进公共预算改革进程是大势所趋。推进并完善参与式预算不是公共预算改革的全部内容，不是对公共预算改革的替代，也并不能解决所有公共预算问题。由此可见，参与式预算的发展趋势和实践改革方向当且仅当是对公共预算的进行补充与完善。

（一）短视行为的大量存在

参与式预算在实践中普遍存在的短视行为是过于重视项目，过于重视对公共投资项目的关注等问题。例如，许多参与者感兴趣的是争取到某个小型基础设施项目，而没有兴趣学习有关政府的权利、财政责任，抑或更广泛的社会政策。那么，如果预算参与的主体普遍关注在中短期内获益的项目和议案，而缺乏对事关国家和全人类的长期发展项目和议案的关注，就严重限制了参与式预算在国家治理和公共财政建设中的重要价值，不利于各个参与主体的成长以及实践模式的进一步完善。如果所有参与者都有事不关己高高挂起的心态，那么从长期看，也不利于对公共问题的彻底解决。短视行为的大量存在，导致公民参与积极性的日渐下降，也会使预算参与日渐成为形式和摆设，长期如此，必定会不利于参与式预算发展的可持续性[①]。

（二）预算过程对政府过于依赖

对政府的过于依赖在实质上无错，但是在程序上有错。在任何一个国家，公共权力都应该避免"绝对化"和"单一主体化"，因为"绝对的权力导致绝对的腐败，绝对的权力也绝对导致腐败"。在现代国家治理体系中，尤其需要用公共

---

① 陈家刚．参与式预算的兴起与发展［N］．学习时报，2007，01（29）：8.

权力制衡体系，来制衡所有公共权力行使主体的权力。由此可见，对于政府权力的过度依赖，不符合国家正义的理性标准，长此以往容易导致政府权力的"绝对化"和"单一主体化"。由于行政部门权力的日益强化，参与式预算在实践中也不可避免地受到政府部门的强大影响。在世界各国的参与式预算实践中，我们可以得出这一结论，那就是大部分参与式预算的兴起都来源于政府部门的允许或者恩赐，大部分参与式预算模式的设计和运行，甚至也是源于政府部门的批准。"参与预算中公民有赖于政府提供办公条件，如召集会议，提供信息，联系行政部门和公民，保证所选项目的实施等，市政府的影响因此非常大。如果市政府不愿执行参与预算，那么即使有参与预算的机制，也难以成功"①。

我国参与式预算实践也存在政府过于强势这一问题，甚至出现政府主导参与式预算改革的一切。公民和公民团体的参与力度和作用仍然十分有限。在大众社会到来后的今天，政府参与强势，民众必然处于弱势，长此以往，政府的过于强势极易导致公民和公民团体对其方案和非暴力的不合作，不利于我国参与式预算的可持续发展。这种现象的存在，源于行政权力的过于强大，政府组成部门和公职人员都有隐瞒信息、消极怠工和操纵预算编制执行的可能性。另外，如果行政权力过大，也不利于形成有效制衡的预算权力体系。当然，政府对于预算的主导作用也不可否认，但要适度，变主导为引导，为各个预算参与主体提供宽松平等的政治环境。

（三）局部利益和整体利益之间的冲突

在当前民主社会，由于公民个体和地区差异的广泛存在，决定了"一致性共识"很难达成，那么在公共预算中必然存在着预算局部利益和整体利益的冲突。如果所有公民普遍关注或者仅仅关注直接涉及自身利益的局部预算问题，而缺乏对事关全局发展的项目和议案的关注，参与者就会对地方和局部问题过于重视，忽视对事关国家、全球等整体性问题的重视。例如，甚至经验丰富的政治家和社会活动家，把时间和精力都用到了错综复杂的地方公共政策上，这样他们就没有

---

① 孔志峰. 预算绩效管理：参与式预算和绩效评价制度的进一步深化 [J]. 地方财政研究，2011 (09)：15.

多少时间能够用来关注地区、国家或者全球性的问题。那么，这种行为的大量存在，就严重限制了参与式预算在国家治理和公共财政建设等领域的重要价值。

（四）预算专长与普通民众进入之间的冲突

预算专长与普通民众进入之间的冲突，这个问题实际上是"基于理性基础上的专家主导模式"和"基于民意认可合法性基础上的公众参与模式"之间的冲突。是否存在一致的理性或者纯粹理性，若是存在，那是否还有民意认可的必要，这是包含康德、黑格尔等大家在内的学术界一直争论不休的永恒话题。

现代公共预算具有非常强的专业性和复杂性这一基本特征。公共财政预算的层级越高，预算的规模就会越大，预算所要涉及的公共领域和公共事物也就会越多，预算编制、执行和监督过程中遇到的问题也就会更加复杂，任何一笔预算收支的影响也就会更加强大。那么在这种情况下，层级越高的公共预算改革就需要更多的应对措施，也需要更高的公民素养来与之匹配。如果参与式预算实践的层级比较高，参与其中的普通民意代表就有可能因为无法理解专业性和复杂性的预算内容，导致他们无法做出正确的公共预算决策。当然，专家学者等专业人士的意见建议，有助于公共财政预算的科学化和理性化，专家学者的加入会有效弥补普通民众和基层政府在专业知识方面的缺陷。但是也容易出现另一问题，那就是在专家专长和公民普遍参与之间，必然在一致性方面存在矛盾，"公民参与太多和公民参与太少之间寻找一个适宜点，多了也许将公民治理引发为过度民主的失控，少了则将国家权威推至极权"①。因此，平衡二者之间的关系实际上是公共预算改革、参与式预算发展和完善必须面对的难题之一。

第六节

参与式预算兴起和发展的必备条件

由于参与式预算改革的兴起与发展，必然受到各个国家历史文化、经济发

---

① 陈家刚. 参与式预算的兴起与发展 [N]. 学习时报, 2007, 01 (29): 8.

展、政治体制和社会发展等多重因素的限制。因此，参与式预算具有实践条件要求的多元性、利益偏好取向统一困难的多重性、模式机制设计的复杂性等特征，其在发展过程中必然存在一些制约条件。当然，这并不意味着应该放弃继续推进参与式预算完善和发展的愿望。综合分析国内外成功地参与式预算实践，本节对如下六个方面的必备条件进行剖析。

一、宽松的政治环境

宽松的政治环境是指政治民主和法治的程度。如果在政治环境中能够将民主法治，或者具体到宪法法律保障、参与民主、协商民主和代议制民主等结合起来，就可以为广大公民了解公共预算运作以及思考、辩论和影响公共资源的分配提供机会，也能为参与式预算的发展提供必要的环境保障条件。另外，政治环境也包括行政首长和其他决策者具有比较明确的、推进预算改革的意志。只有行政首长和其他决策者具有比较明确的、推进预算改革的意志，才能保证参与式预算改革的持续性与有效性。也就是说，有无清晰的政治意愿，决定着参与式预算改革计划是否可以变为实际操作的实践过程。

二、丰厚的社会资本

社会资本是一种社会关系或社会结构中的各种资源集合，强调公民可以在社会关系活动中进行积累和利用。社会资本包含以下几个因素：信任、认同、规范内的奖惩、互惠互利、合作一致行动。还应该具备资本所应有的特征，可生产性、可积累性、可取得效益性。由此可见，丰厚的社会资本就是成熟的公民社会和公民的积极参与，这是实现参与式预算发展的重要前提。实施地区需拥有雄厚的社会资本，才能促进参与式预算所需依赖的结构与制度安排的形成。一个国家社会资本的供给程度，反映了这个国家所有成员遵守契约精神和公共理性的程度，也反映了所有成员对于国家的认可程度。也就是说成熟的公民社会和公民的积极参与，是实现参与式预算发展的重要前提。社会资本的供给，有助于提升国家治理体系的完善和治理能力的现代化,有助于推动公民社会自治和自发秩序的形成。实施地区须拥有雄厚的社会资本,才能促进参与式预算所需依赖的结构与制度安排的形成。

三、形成改革的合力

在政治意愿和社会资本尚未形成合力之前,或者说在执政当局、其他权力主体和公民之间,只要有一方没有改革意愿,都无法有效开展参与式预算实践。经过对国内外实践案例的剖析,本书认为各个参与主体之间形成合力的形式和强度,在一定程度上决定了参与式预算改革实施的深度和广度,也决定了参与式预算改革能否成功。当公权机构、市场、公民、社会团体都认可参与式预算的价值,都倾向于推行参与式改革,就可以说,推进并完善参与式预算改革的合力已经形成。只有开展广泛的对话,形成可靠的改革联盟,才能使参与式预算实践获取更为强大的合法性。

四、充足的自主财政收入

如果政府自主财力不足甚至没有足够的财政资源来维系自身的运转,就不会有足够的财力来保障参与式预算实践的正常推进。分析国外参与式预算的主要实践,可以发现,越是自主财力充足的地方,参与式预算的推进和发展就越是顺利越是稳固。从我国各地的实践经验来看,充足的财力自主是公共预算改革和参与式预算改革深入推进的前提保障。

当然,也有学者对于财力充足是否是参与式预算兴起和发展的必要条件持有怀疑态度,如有学者认为"参与式预算是民主发展的结果,是对任何情况下的预算都是适合的,越是财力薄弱的地方越是需要,这样才能把有限的资金用在民众最偏好的地方"。因此,本书有必要在综合考虑学者们的意见的基础上,对财力问题和参与式预算发展之间的关系,进行比较分析。因为只有拥有充足自主的财政资金,公共部门才能够以有效的财政灵活度和保障力,应对直接参与所带来的政策结果的不确定性和风险性。在区域经济发达、财力资源充足的地区，公共财政资源可以更好地投入到公民利益诉求最紧迫的公共服务领域。而对那些欠发达地区来说，主要财政支出来自上级的转移支付，公共财政无法顾及公民的诉求和偏好。所以说，在地区财力不足的情况下，即使有了参与式预算也无法保障预算参与的有效性[①]。例如，温岭参与式预算的成功正是得益于温岭市高度发达的民营经济，在2012年温岭市实现生产总值为705.9亿元，完成工业增加值为324.38亿元，连续多年名列全国综合实力百强县。也正是由于民营经济的高速发展，不断培育和壮大了日益成熟的公民社会，公民社会对于公共预算的关注和参与也在一定程度上促进了参与式预算的深入发展和完善。

五、预算信息的公开透明

通畅的信息沟通渠道是实现参与式预算发展的重要前提。预算信息的公开透明，影响着预算参与的有效性和真实性。预算信息的公开透明是公共财政的本质要求，也是公共预算改革的必由之路。预算公开透明的主要目的，是为了保障公民对于公共预算信息的知情权、参与权和监督权，并且要确保政府职责履行的服务性、责任性和有效性。在财政信息公开层面，如果提供的财政信息不可靠、不准确、不全面，甚至不通俗，都有可能导致公民和人大代表对预算的不全面或者错误理解。有关部门必须向公民和人大代表提供关于公共财政的结构和职能、政府收支的政策意向、预算账户的基本信息，并且还要保证信息的真实性和全面性。

六、预算改革的法治化进程

推进参与式预算实践，必须以参与式预算的法治化和制度化来保障。法治化的公共预算是公民参与式预算顺利发展的重要保障，必须在宪法法律框架之内和

---

① 陈静．中国参与式预算改革：比较与启示[J]．云南社会科学，2012（07）：20．

人大制度规定的范围内寻找和培育参与式预算实践的空间和土壤。任何改革和实践都不是单一利益推进的,都是一个在系统环境里协同推进的合力过程。预算法治化有两个方面的作用,一是有利于公共预算法律制度体系的构建;二是有利于公共预算改革的所有实践探索,都能于法有据,都能找到宪法和法律上的支撑条款。因此,参与式预算改革必须严重依赖于法治化进程的保障和法治思维的塑造。

第七节

参与式预算的功能和前景

虽然世界各国参与式预算的目标定位、机制过程等均不相同,但是从当前学术界和实践层面的期望来看,参与式预算具有如下功能和发展前景。

一、参与式预算理论与实践中的政治民主意蕴

在参与式预算中任何公民或者公民团体都可以直接接讨论并对国家的公共预算决策进行监督和控制,甚至有权利以直接投票的形式,决定与自己利益相关的公共预算方案,这本身就是政治民主的最有效表达。从参与式预算的体制机制方面分析,参与式预算不仅是财政预算问题,还是以公共预算改革呈现出来民主政治问题。从这个意义上讲,参与式预算是参与式民主的一种表现形式,一种实践手段。参与式预算将参与民主、协商民主和代议制民主等结合起来,为广大公民了解政府运作以及思考、辩论和影响公共资源的分配提供机制,也为公民参与预算时保持合理性、合法性和秩序性做出系统约束。与此同时,参与式预算带来的预算透明度和可问责性的提高,可以帮助减少政府无效率的行为以及限制裙带主义、庇荫和腐败等现象的发生,也为参与预算保持有效性和合法性做出全面规范。

在参与式预算的决策过程中,公民直接参与预算的审议协商并决定着公共预算的走向,并监督着公共资金的执行过程。公民同参与公共预算决策,进而对预

算公开、预算决策、预算执行等预算环节提出不断改进和完善的要求。参与式预算也通过为边缘化和被排斥的群体提供话语权以影响关系其切身利益的公共决策，增强了现代国家治理的包容性和可行性。如果参与式预算实施正确，可以使政府能更好地回应公民的需求和偏好，对分配公共资源和提供公共服务的绩效更加负责任。由此看来，参与式预算的确是现代国家治理的重要工具，可以有效提高现代国家的民主政治建设。

二、参与式预算是不同于新自由主义政策的一种成功实践

20世纪80年代，欧美主要发达国家在全球推销以华盛顿共识为核心的新自由主义政策——削减社会公共开支和社会福利。然而在巴西阿雷格里港市以及其他国家的预算实践，可以发现通过参与式预算实践不仅不会削弱反而提升了公共产品和服务的质量，并在扭转两极分化、消除腐败方面具有十分重要的现实价值。

正如美国《每月评论》的一篇评论所言"在全球化时代，不按照新自由主义的逻辑做事是很困难的，但是如果由广大人民群众来参与制定且具有合法性的话，就会对新自由主义形成替代；但是发源于巴西阿雷格里参与式预算是世界上民众拥有参与经济决策可能的几个实例之一；按照新自由主义的逻辑，只有经济学家才能做出经济决策，尽管这些经济学家对所作决策地区并不知情，就像经常做的那样；阿雷格里参与式预算是一个不断增强决策和政策的参与程度的典型实例"。尽管参与式预算还只是少数国家的常识性探索，但是这种参与实践已经呈现出制度优势，并为大多数普通民众带来了分享发展利益的机会和条件。参与式预算是不同于新自由主义政策的一种成功实践，这说明治国理政没有统一的固定模式，只有合适的模式才是可行的。

三、参与式预算实践开辟了一种新型的国家治理模式

参与式预算为公民参与、协同治理、分权治理提供了路径和模式，对于完善

国家治理和提升国家治理能力的现代化具有重要作用,有效促进了各国国家治理的民主化、科学化、责任化和法制化水平。公民参与公共预算的决策、执行和监督,对个体而言,可以维护自身的合法权利;对整个政治体系而言,可以有效避免和减少因为分配不均而带来的矛盾和冲突;对地区发展而言,可以改善部分弱势地区和弱势群体的生活状况和发展环境;对社会公平正义而言,可以有效促进公共资源分配的公平性;对政府而言,可以促使政府更加充分地了解公众的意愿和利益,进而形成政府与公民之间的良性互动,有效提高政府执政的合法性。

参与式预算打造了直接民主和间接民主的融合发展,为公民和公民社会主体地位的实现创建了平台,有助于公民成为自身利益诉求的主人,使"各种利益群体、中介机构、媒体、第三部门等方面的集思广益,可以弥补传统预算过程中的政府能力、经验方面的欠缺"[1]。因此,参与式预算实践开辟了一种新型的国家治理模式,有助于政府部门加强责任意识和服务意识,提高政府运行的绩效;有助于将公民诉求和需要切实纳入到公共预算的考虑范围,提升政府在公民社会的公信力;有助于整合各个参与主体的利益,实现政府运作的合力,进而实现政府合法性的提升。

四、参与式预算打造了公共预算实践的新方式

在世界范围内广泛兴起和发展的参与式预算实践,用饱满的参与激情、严格的程序设计和精良的策略方式,非常有效地思考并探索性地对公共产品优先权的取舍,以及公众偏好的显示、转换、集合和统一等问题做出了回答。由此可见,通过推进参与式预算,进一步完善公共预算制度是现代公共预算改革的基本要求。

参与式预算提供了一种满足了普通公民参与公共预算活动、维护自身利益诉求的路径选择,是一种具有进步意义的预算改革实践[2]。不仅提高了公共预算资金分配的透明度,而且提高了对公共预算执行和监督有效性。在国外主要国家参

---

[1] 张丽欣. 善治下的公民参与公共预算之问题研究 [D]. 石家庄:河北经贸大学,2011.
[2] 王绍光,马骏. 走向"预算国家"——财政转型与国家建设 [J]. 公共行政评论,2008(01):36.

与式预算实践中,预算资金分配通过协商而确定,可以有效提高预算资金的透明度。预算公开的主要目的就为了保障公民、社会组织对于基本预算信息的知情权、参与权和监督权,并且要确保政府职责履行的服务性、责任性和有效性。可以说,参与式预算为公共预算的实现打造了一种新方式,为公民和公民社会提供了一个表达利益诉求和个人偏好的机会,也为公民和公民社会提供一个监督公共资金使用的最佳渠道。

第四章

国外主要参与式预算实践分析及启示

参与式预算实践是在巴西阿雷格里港市最初实行的一种关于公共资金、公共资源和公共财富配置的决策机制。迄今为止,"参与式预算已经在巴西80%的城市推行,同时被爱尔兰、加拿大、印度、乌干达、南非、英国等一些国家的不少地方政府所采用,在一些国家,参与式预算还从地方和基层向国家层面扩展,日益受到国际社会的重视"[①]。自20世纪90年代以来,参与式预算在全球范围内逐渐兴起。大致可以划分三个阶段:1989~1997年,仅在拉美国家为数不多的城市开展;1997~2000年,巩固发展阶段,成为扩展至遍及拉美各国的改革潮流,超过130个城市参与进来;2000年以后,参与式预算逐渐扩展到北美、非洲、欧洲和亚洲的许多国家和地区,并呈现多样化的发展特征。至今,全世界至少有2000多个地区或者城市开始了此项改革实践[②]。

第一节

巴西参与式预算实践

尽管之前已经存在类似或者非正式意义的预算参与实践项目,但是,从学术理论和实践模式界定的严格意义层面讲,参与式预算于1989年正式产生在巴西的阿雷格里港市。然而实际的酝酿过程更为复杂和久远,为了拓展公民权利、缩

---

① 陈家刚. 参与式预算的兴起与发展 [N]. 学习时报,2007,01 (29):8.
② 本章节使用了大量二手资料,在此向各位已经标注出以及没能标注出的作者表示感谢。

小贫富差距、保障公平正义和促进政府效率改革①，很多拉美国家的左翼政党地区积极致力于此项改革。早在20世纪70年代，就已经有民间参与公共预算的初步行为和经验。70年代末至80年代初，由巴西民主运动党控制的拉吉思市、埃斯波里卡市、帕尔图思市就已经开始将政府预算提交公众讨论。1988年通过的巴西宪法鼓励政府治理向公众开放，之后在工人党选举获胜的其他几个城市开始了参与式治理的尝试②。

一、巴西参与式预算的实施背景

（一）巴西经济社会问题

巴西参与式预算的兴起和发展，与巴西当时的经济社会环境有关，与寻求政府治理转型的特殊环境有关。20世纪80年代末期的巴西：经历了多年的军事专政时期，正处与从独裁到民主的转型阶段；长期为巨额的外债和严重的通货膨胀所困扰，经济几乎处于停滞状态；政府服务和公共产品分配严重不平等，是世界上收入差距最大的国家之一；财政方面，盲目投资、支出失控、入不敷出、负债累累，出现严重的财政危机；政府机构蒙上了腐败、保护主义和裙带主义的阴影，地方政府治理大多陷入无为和混乱状态。巴西参与式预算的兴起，正是在应对这一政治困境、经济困境和财政困境时，应运而生的。面对严重的财政危机和政治衰败，巴西民众及不少政党和团体强烈要求进一步推进民主改革，首当其冲的就是要求改变政府的财政运作方式，制止财政分配中的盲目投资、个人腐败、裙带主义以及财政分配的阶级偏向③。

（二）阿雷格里港市经济社会问题

阿雷格里港市是巴西纳里欧德兰州的首府，大约拥有140万人口。虽然阿雷格里港市经济比较发达，公民素养也比较高，但是社会分化和政治腐败问题比较

---

① 袁方成. 参与式财政：国外地方治理的实践创新 [J]. 湖北行政学院学报，2006 (12)：12.
② 袁方成. 参与式财政：国外地方治理的实践创新 [J]. 湖北行政学院学报，2006 (12)：12.
③ 袁方成. 参与式财政：国外地方治理的实践创新 [J]. 湖北行政学院学报，2006 (12)：12.

严重。首先，贫富悬殊，20世纪80年代时，大约有接近一半的阿雷格里港市民居住在贫民窟；其次，政府腐败寻租，和很多拉美地区的城市一样，政府机构蒙上了腐败、保护主义和裙带主义的阴影，地方政府治理大多陷入无为和混乱状态。几乎百分之九十八的城市收入用来支付公职人员的各种支出，几乎没有剩余的资金用于公共产品和服务的提供。甚至，在为数不多的政府投资项目中，也很少有项目关注作为多数人群的贫民阶层的需求。再次，城市基础设施严重缺失，在1988年仅有一半的市民能够使用城市上下水系统。最后，虽然财力匮乏，但是政府债务巨大。当然，阿雷格里港市的情况，也只是当时巴西政治经济社会问题的一个缩影[①]。

（三）综合影响因素

首先在阿雷格里港市进行，而不是在其他城市出现参与式预算实践，是与这座城市所处的时代背景、自身因素和政治环境等密不可分的。首先，巴西工人党的作用非常重要，工人党一直致力于通过财政运作的公开透明，去解决严峻的社会问题。在1989年，工人党在阿雷格里港市长竞选中胜选。于是，包含一系列财政改革的政府治理探索，就在阿雷格里港市应运而生。其次，阿雷格里港市民众尤其是社区组织的积极作用。阿雷格里港市历来是巴西城市运动最为显著的地区之一，要求政治变革的大型社会运动，逐渐成为当地民众的主流思想。在参与式预算实施之前，阿雷格里港市的社区组织提交了一份描述8个城市之前对参与式预算的探索，并要求政府允许社区组织参与政府预算的决策和编制。与此同时，工人党（阿雷格里港市是工人党的一个大本营）为了赢取选举也开展了众多关于参与性政府治理的讨论。最后，面对阿雷格里港市社会分化、贫富悬殊、政治腐败、公共服务缺失等严峻问题，工人党必须要兑现对选民的选举承诺，"让社会公众直接参与民主和公共支出优先权倒置"[②]，从而期望通过财政预算方面的改革打破执政初期的各种困局。另外，巴西一直存在政党分赃传统，也为公民和社会团体的参与政治提供了条件，毫无疑问，预算参与是最好最有效的政治

[①] 袁方成. 参与式财政：国外地方治理的实践创新[J]. 湖北行政学院学报，2006（12）：12.
[②] 许峰. 巴西阿雷格里港参与式预算的民主意蕴[J]. 当代世界，2010（09）：25.

参与方式之一。

（四）巴西参与式预算的兴起与发展

20世纪90年代以后，参与式预算的名称和实践，开始在工人党治理下的其他城市逐步规范并推广，之后不久，拉美地区其他国家也开始关注并推行参与式预算。在巴西，阿里格雷港市的参与式预算实践则被看作是最成熟、最成功的模式。之后，在巴西130多城市获得推广。

在某种意义上，参与式预算最初可被视为左翼政党（尤其是劳工党）在激烈的政党竞争领域，为大力推进党派目标（包括竞选成功）、获取党派优势而实施的一种战略性的政党策略（Goldfrank & Schneider, 2006）。随着改革成功带来的示范效应、社会运动的加强、1988年巴西宪法实施后地方税收的显著增长，尤其是左翼政党执政势力的快速增强，参与式预算在巴西各地开始推广。

二、阿雷格里港市参与式预算的实践情况

阿雷格里港市的预算探索，既是财政预算制度的重大变革，也是民主政治实现方式的重大突破，于是也被很多学者称之为"预算民主"或者"直接民主"。

（一）阿雷格里港市参与式预算的基本理念

巴西参与式预算的基本理念就是让未经选举产生的公民参与到公共资金、公共资源和公共财富的配置中，使他们在基层有直接决策权、在城市层面有共同决策权以及在全国层面有一定程度的监控权。阿雷格里港市的"参与式预算"的基本理念，就是通过公民参与公共预算这一方式，促使地方和社区财政资源的决策、投向和使用更加公开透明和科学有效。

具体理念呈现如下几个特点：一是注重局部利益和整体利益之间的平衡；二是注重不同人群的兼顾机会公平和结果公平，尤其是对社会底层民众的政策倾斜；三是注重直接民主和间接民主之间的融合，强调公民直接参与但是不可否认代议制民主的积极作用；四是除了自下而上的预算参与，还有自上而下的预算推

动;五是引入普通公民对预算执行的监督[①];六是注重规则性与灵活性之间的统一,不拘泥原有预算制度的限制。甚至,在议会中有专门的预算技术和规则修正会议[②]。

(二) 阿雷格里港市参与式预算的运作阶段和流程

阿雷格里港市参与式预算的运作流程如下:

表4－1　　　　　　阿雷格里港市参与式预算的运作流程

阶段	名称	内容
第一阶段	公民参与阶段	包括公众对政府上年度财政实施情况的评估并提出下年度预算计划和投资动议。参与方主要集中召开社区近邻会议,公众针对与其利益密切相关的议题进行讨论,通过网络等进行提议活动
第二阶段	确定草案阶段	社区不同群体和利益的代表及政府相关部门对公民提出的预算投资的优先顺序进行法律和技术论证,确定预算草案。各个参与方在信息公开和对称基础上,通过协商谈判并对预算项目进行法律和技术论证,进行评分并决定预算项目的优先顺序,最后按照得分高低确定预算项目
第三阶段	完成预算审批	完成预算审批,通过多方协商并依法通过,预算和投资的多方协商并依法通过。在此过程中,预算的制订是中心环节,而公民参与则贯穿始终。确定了的优先权的项目工程由市预算理事会提交给市长办公室,由市长决定是否运用手中的否决权,但考虑到广大社会公众的参与做出的决定,基本上难以行使。最后由立法机构批准,立法机构因为是直接选举产生,迫于选民的压力,预算一般会获得通过

从程序上来讲,阿雷格里港市的参与式预算主要包括三种自下而上的社区会议、专题会议和全市范围的代表会议三层主干组织机制,根据时间共分为五个阶段:

表4－2　　阿雷格里港市参与式预算的五个阶段 (以时间为顺序)

时间	名称	内容
每年3~4月	准备性会议	居民根据地区划分参加各自地区的全体会议。这些开放性的会议主要是对外发布公告,并且审查上一年度的各种项目及相关预算,吸引新的参与者加入进来,选举产生新一届的代表,上一届的代表连任人数控制在一定的比例下。在第一次全民大会之前,各社区都有居民集会以收集居民的意见并动员居民参与各区的代表选举

---

① 王淑杰,孟金环. 巴西参与式预算经验借鉴及启示 [J]. 地方财政研究,2011 (09):15.
② 许峰. 巴西阿雷格里参与式预算的民主意蕴 [J]. 当代世界,2010 (09):25.

续表

每年 4~5 月	区域和主题性会议	新一届代表将在固定时间召开社区会议，与社区居民讨论并筛选社区候选项目，将其按照重要程度编制优先项目序列。社区不同的组织如工会组织、合作社及母亲俱乐部等都会就不同的议题展开讨论。人们还将居民的需求按照 1~5 个等级列出优先顺序，最后汇总到市政府。市政府根据居民需求的程度确定预算开支的方向和基本方案
每年 5~6 月	主题性会议	召开第二次公开会议，将编制好的优先项目序列进行公示，预算代表投票决定这些项目的优先性，并选举出参加更高一级的市预算议会议员。其成员包括 16 个区中每个区选举的两名议员、五个政策议题各推举的两名代表以及工会组织和各基层邻里社区组织分别选举的一位代表组成。该委员会是常设的参与性机构。参与财政委员会从组成直到 9 月份形成最后的财政预算案为止，将每周召开会议
每年 7~9 月	市级会议	市预算议会议员根据一致同意的评价模型和权重标准分析预算需求。这些标准包括：地区确定的项目优先性；本地区人口占城市总人口的比例；地区贫穷或低收入的标准。通过运用权重乘数，这些标准就被转换成得分。某一个预算项目的得分越高，预示着它越有可能得到资助
每年 9~12 月	市参与预算委员会	通过与市议会、居民等社会多方面长时间充分协商讨论，最终确定市政府年度财政预算，并依法通过。预算议会向市长提交参与式预算，市长认可预算会提交代表大会，代表大会一致通过，预算项目开始实施。在预算项目实施过程中，预算代表将对其实施进行监督。参与财政委员会成员还将继续进行预算讨论，并保持与居民的联系，游说市议会，争取某些公共工程的投资决策。在整个过程中，市长将通过协调各种会议、确定会议议程、提供相关资讯以便推动公民参与和协商工作。最后，经过多方长期的讨论和协商机制，并根据公众的优先偏好最终确定市政府的年度预算

1992~2002 年，道路铺设、基本卫生设施建设、住房问题以及土地管理和居地规划等专题基本列入阿雷格里港市优先考虑的重点投资工程的前三位。

表 4-3　阿雷格里港市一般性议题的优先性排序：1992~2002 年

年份	第一优先级	第二优先级	第三优先级
2002	住房供给	教育	道路铺设
2001	道路铺设	住房供给	基本卫生设施建设
2000	住房政策	道路铺设	医疗保健
1999	基本卫生设施建设	道路铺设	住房政策

续表

年份	第一优先级	第二优先级	第三优先级
1998	道路铺设	住房政策	基本卫生设施建设
1997	住房政策	道路铺设	基本卫生设施建设
1996	道路铺设	基本卫生设施建设	土地管理和居住地规划
1995	道路铺设	土地管理和居住地规划	基本卫生设施建设
1994	土地管理和居住地规划	道路铺设	基本卫生设施建设
1993	基本卫生设施建设	道路铺设	土地管理和居住地规划
1992	基本卫生设施建设	教育	道路铺设

（三）阿雷格里港市参与式预算的模式特点

巴西参与式预算是一次务实的社会变革，具有公开性、参与性和制度化等特点。具体体现在以下几个层面：

表 4-4　　　　　阿雷格里港市参与式预算的模式特点

在公开性层面	1. 不仅将全部财政收入、支出及其细目公诸于众，也将税收的来源、税种、税率、纳税对象以及政府的财政状况、困难、需求和投资设想都向全体民众公开 2. 财政投资项目及政府集团购买等实行公开招标 3. 政府各部门及负责人的责任和目标也向民众公开，从而保证财政事务及政府工作有广泛的公开性和较强的透明度
在参与性层面	1. 不仅保障公民与不同群众和利益的代表对财政事务决策具有参与权，而且确保公民及其代表参与的经常性和持续性 2. 强调参与层面的互动性，阿雷格里港市的地方财政决策并不完全是由民众直接决定，更不是完全由政府或少数人确定的，而是政府与社会群体和组织以及官员与民众密切合作、共同协商的产物
在制度化层面	1. 不仅对市政府、议会及相关部门的权责有明确的法律规定，而且对公民参与的程序和方式、居民及不同利益群体的代表的选举、参与财政委员会的工作内容和方式、政府与民众的协商会议的召开、政府与民众的联系机制、协商方式等，都有比较完备的规范 2. 社会组织活跃，各种非政府非盈利组织非常活跃，从预算草案的起草制定到预算工作的确定和执行阶段，参与式预算每一阶段都有志愿者参加

三、巴西参与式预算的评价

巴西的参与式预算由某一具体的市政工程开始进而推广涉及一般的社会政

策。到目前为止，巴西都是当代发展中国家参与式预算开展最好的，无论是广度层面，还是在深度层面，不仅获得了市民的广泛支持，也收到了明显的实践成效。该实践模式打造了自下而上的预算参与决策系统，通过信息保障、议价谈判、达成共识等一系列流程，在预算决策过程中较好地整合了各方诉求和利益偏好。

(一) 巴西参与式预算的积极效果

第一，扩大了公民参与的范围，推动了地方治理的民主化。巴西参与式预算作为公民参与的方式，首先就将政府的财政决策置于公民的监督之下，并由公民自下而上决定财政资源的分配，从而大大扩展了公民民主参与及政治民主的广度和深度。也正因如此，不少人将参与式预算视为"参与式民主"的重要的实践形式。参与式预算由最初在阿雷格里港市的试用，到巴西国内80%的城市普及推行，这是一个极为成功的公共管理创新实验，它展示了一种可能实现民主的途径。在巴西阿雷格里港参与式预算实施的前两年即1989和1990年，参与的公民不到1000人，而1992年参与者激增到将近8000人（见表4-5）。1992年劳工党再次赢得选举后，参与式预算改革获得快速发展，每年新增加的参与者超过2万人[①]。

表4-5　　　　　　　巴西部分城市参与式预算的出席人数

(1990~2003年)　　　　　　　　　　　　　　单位：人

年份	阿雷格里港	Ipatinga	Belo Hprizonte	Sao Paulo	Recife	Gravatai
1990	976	630	无	无	无	无
1991	3694	470	无	无	无	无
1992*	7610	483	无	无	无	无
1993	10735	563	无	无	无	无
1994	9638	572	15216	无	无	无
1995	11821	681	26823	无	无	无
1996*	10148	604	36508	无	30000	无
1997	11908	683	31795	无	无	16084

---

① 王淑杰，孟金环. 巴西参与式预算经验借鉴及启示 [J]. 地方财政研究, 2011 (09)：15.

续表

年份	阿雷格里港	Ipatinga	Belo Hprizonte	Sao Paulo	Recife	Gravatai
1998	13687	1533	19418	无	30000	11536
1999	14776	2136	21175	无	无	20113
2000*	14408	2018	31369	无	30000	25134
2001	16612	5015	无	34000	42800	无
2002	28549	981	28214	55000	67100	无
2003	26807	2374	无	80000	69000	无

注释：*号所标记年份为选举年份。

整理表格4-1、表4-2、表4-3、表4-4和表4-5的原始资料来自于：Anwar Shah. Participatory Budgeting [M]，The World Bank Washington, D. C., 2007；A Brazier. The Fiscal Maze：Parliament, Government and Public Money [J]. Parliamentary Affairs. Vol 60, No. 2. 2007. P346-355；Allen Schick. Can National Legislatures Regain an Effective Voice in Budget Policy [J]. OECD Journal on Budgeting Vol. 1 No. 3, 2007. 等等。

第二，加强了对政府财政预算的监控，有利于抑制和消除腐败。巴西的参与式预算，已经成为抑制和消除社会分化、贫富悬殊、政治腐败、公共服务缺失等严峻问题的手段。

第三，促进了公共预算资源及公共服务分配的公平性和正义性。从巴西参与式预算实践来看，"公民的直接参与尤其是妇女和低收入阶层参与财政预算的讨论，为这些社会弱势群体影响公共投资的方向和社区规划提供了条件和机会，因此巴西的参与式预算也被一些学者看成是实现社会公平和公正及财富再分配的强有力的工具"[①]。

第四，提高了公共预算执行的效益。据世界银行的调查结果，"1989年以前，阿雷格里港市财政异常困难，并受到工业退化、移民和债务的严重影响。自从1989~1991年引入参与式预算体制之后，不仅扩大了政府的财政来源，也提高了财政效益"[②]。

（二）巴西参与式预算的不足之处

第一，受制约巴西政党政治的限制，是在巴西工党的强行推动下进行的。当

---

① 王淑杰，孟金环. 巴西参与式预算经验借鉴及启示 [J]. 地方财政研究，2011（09）：15.
② 袁方成. 参与式财政：国外地方治理的实践创新 [J]. 湖北行政学院学报，2010（12）：12.

巴西工党在2004年结束了15年的执政阿雷格里港市后，新政府对此并不太感兴趣，但是因为根深已久，只好将其规模缩小。第二，公民和公民社会对具体项目和局部利益的关注，降低了对整体利益、国家发展以及全球性问题的关注。而一旦这些具体项目通过后，公众参与的热情就会下降。第三，巴西政府作用的过于强大，也极易导致新的权力失衡。第四，预算决策制定后的各方参与不足，各方对预算执行的问责监督也存在不足。第五，公民素养培育的不足和公民参与能力的局限，也是不足之处。

第二节 美国参与式预算实践

美国的参与式预算，在有些学者看来，这不是严格意义上的参与式预算。但是，由于美式民主的基本特点，决定了美国预算过程中，普遍重视公民和社会组织的参与。于是，本书基于公民的参与性是参与式预算最本质特征的这一认识，认为美式预算参与也应该是参与式预算的一种类型。

一、美国参与式预算的实践情况

在20世纪90年之后，美国很多地方政府在预算领域开展了扩大公民参与的尝试和探索；在1993年后美国预算民主进入均势预算时代。另外，政府再造运动的兴起，又被称之为新公共管理运动，也为更多的公民和社会力量参与公共预算提供了动力和活力。

（一）美国参与式预算的实施背景

美国是一个典型的"三权分立"的代议制国家，"美国联邦政府包括预算在内的诸多职能范围很窄，向国民和社会提供的服务大部分都由州负责的。因此，参与式预算在美国主要在地方政府层面；早在1900年，纽约市政研究所的创始人之一Frederick Cleveland在倡导预算改革时就提出只有官员和公民协作才能确保政府责任和效率的实现的观点；1964年的《平等机会法案》中引人注目的条款'最大可行的参与'突出强调了公民参与的价值"①。

为切实推进公民参与公共管理的实施，"1970年联邦政府引进调查问卷作为决定公民政策偏好的一种手段；1980年公共管理文献中对利益相关者给予前所未有的关注，强调在政府部门制定公共政策时，需要周密谨慎的包括公民以及其他组织和成员；在1990年后，由于公民对政府的不信任情绪上涨，促使政府想方设法在预算中吸引公民投入"②。进入21世纪后，美国很多地方政府在预算决策中扩展了公民和社会组织的话语权和影响力。

（二）典型的"美式民主"

美国的公共预算是典型的"美国式民主"预算，十分注重"民主是对权力的一项有利于大部分人的结构化安排"。由于政治文化、公民文化、制度惯性和美式选举等因素的影响，公民也都大多希望参与到公共预算当中。目前，美国的参与式预算实践，已经呈现出法治化和制度化运行等基本特点。在联邦宪法及美国宪法的最高层面，规定了"公民授权征税、开支公款、借款"等保障条款；在地方层面，各州市在地方法律层面，也对公民的预算参与和制度安排提出了具体要求；另外，在一般法律层面，《反超支法》《预算和会计法案》《国会预算与扣留法案》《格兰姆—霍林斯法案》《1990预算执行法案》《1997年平衡预算法案》等法律，均对预算编制、执行各个环节中的不同主体的职责做出了明确的法律条款规定，如总统和国会的预算权责、强制性支出的程序审查、赤字控制等③。

美国参与式预算的实施，是"采取吸纳专业预算研究机构的参与和议会的参与来实现的，政府编制的预算草案交给议会商讨和听证，一些非政府研究预算机构代表社会对预算进行专业评估，通过媒体、议会对政府施加影响，使得政府重视评估意见，让政府的预算更符合社会的需求"④。

---

① 李一花. 美国地方政府参与式预算研究述评 [J]. 财经论丛, 2013 (03): 10.
② 李明. 美国地方政府预算参与：理论与实践 [J]. 金陵科技学院学报, 2007 (03): 30.
③ 李一花. 美国地方政府参与式预算研究述评 [J]. 财经论丛, 2013 (03): 10.
④ 陈家刚. 参与式预算的理论与实践 [J]. 经济社会体制比较, 2007 (02): 26.

(三) 美国参与式预算的常见机制

普遍采用的机制或者方式有：公民可以随意参与公众听证会；定期对预算方案进行专家咨询；公民陪审团；公民问卷；公民论坛等。第一，公众听证会，是当前美国地方政府所采用的最普遍的一种参与式预算方式。卡洛尔·艾伯伦一篇研究参与预算的重要文章指出，超越公众听证会就是地方政府预算过程中的公民参与。第二，公民咨询委员会，是当前美国预算参与的一种新形式。和传统的公众听证会以及公民调查相比，公民咨询会在改进参与有效性方面有着很大的优势。公民咨询委员们通常定期会面，因此和传统的公众听证会相比，它为公民意见的表达提供了更长的持久性以及更大的机会。第三，公民陪审团，是当前美国地方政府普遍采用的方式。在公民中随机选择出来的一些公民，组成一个相对常设的组织。作为公民的代表，这些公民就一些对于社区来说是至关重要的问题讨论一段时间，然后将他们的决定和建议提交给政府。第四，公民问卷，是"美式预算"的重要实现形式。通常是先设计问卷，然后以随机抽样的方式，将问卷发放给公民来收集公民对于社区公共服务的态度、公民最关心的问题等。第五，公民论坛。公民论坛是常见的预算参与实现形式；在这种参与形式中，当政府需要解决某个问题或需要知道社区对某一问题的态度时，公民就被邀请来参加会议。不过，这种模式不需要随机地在公民中抽取参与的公民，而且参与的公民也没有多少时间就讨论的问题进行准备。不过，这种模式下，公民的意见是否能够影响政策制定也是不确定的[①]。

(四) 美国参与式预算的典型案例

典型案例的选取为：华盛顿特区的"公民峰会"模式和俄亥俄州戴顿市的"公民优先顺序小组"模式，具体分析如表4-6所示。

---

① 陈家刚. 参与式预算的理论与实践 [J]. 经济社会体制比较，2007 (02)：26.

表 4-6	美国参与式预算的典型案例
华盛顿特区的"公民峰会"	1. "公民峰会"以建立社区行动办公室来组织公民参与,与市长办公室一起创建一个目标设定过程,并制订4页的小报版本的战略计划,通过文件告知给公民部分基本议题,以便提高公民与政府沟通的质量 2. 整个"公民峰会"近3000人出席,涵盖各个种族,历时7个多小时,内容包含市级和社区发展视角陈述,讨论全市优先事项和战略计划草案以及确定每个社区行动项目。会议鼓励来自不同地方的居民表达他们对社区议题的意见,在会议上居民可以按照支持程度通过电脑对议题进行投票
俄亥俄州戴顿市的公民优先顺序小组模式	1. 公民优先顺序小组的委员会,其主要职责是收集公共信息,包括社区有哪些需要、政府如何为公众提供服务等,然后按照优先顺序提交给市政府。1980年以后,在帮助确定城市的预算优先顺序方面,这个委员会在公共事务中作用越来越大 2. 戴顿市全市共有七个区,每个区都有一个公民优先顺序小组,通过选举产生小组成员或社区团体代表,每月召开一到两次会议 3. 各个公民优先顺序小组通过公共问卷、听证、开放性会议、社区团体会议、行政理事会抱怨记录等形式来收集各个社区的需求。在预算年度中,公民优先顺序小组通常会召集一个包括政府各个部门代表的行政理事会会议,组织各个部门听取公民的意见,接受他们的请求,回应他们关心的事

资料来源:Anwar Shah. Participatory Budgeting [M], The World Bank Washington, D.C., 2007;王熙. 中国参与式预算制度研究 [D]. 北京:中央财经大学,2010。

二、美国参与式预算的评价

美国的参与式预算或者美式预算参与,具有十分广泛的公民参与传统,也拥有较为丰富的美式民主理论作为支撑。第一,美式预算参与,均具有广泛的宪法法律依据和支持。第二,美式预算参与已经是美国国家治理的常态化模式。第三,美式预算参与既保持传统的公民政治参与的形式,也具有了新公共管理理论所蕴含的协同治理的实践成分。尽管中美两国在政治、经济和社会条件等各方面均各不相同,但是在提高国家治理和预算运行的效率方面,却具有共同的目标。因此,美国的参与式预算或者美式预算参与在一定意义上讲,也可以成为世界各国参与式预算改革的借鉴素材。

第三节

德国利希滕贝格参与式预算实践

德国公共预算过程中的公民参与,与拉美国家参与式预算的动机完全不同,最基本的出发点是对公共服务实施一种参与式评估,而不是讨论优先项目的投资。出于这种想法,德国参与式预算实践的参照城市一直是新西兰的克莱斯特彻奇,而不是巴西的阿雷格里港市。

一、德国参与式预算的实践情况

(一)德国参与式预算的国情特色

若不是因为20世纪90年代的金融危机,使德国地方政府出现严重的财政问题,参与式预算可能在德国根本不会发生。如今,"德国已有大约20个参与式预算的案例,并且已成为欧洲拥有参与式预算案例数最多、持续时间最长、获得最多政治联盟和最广泛支持的国家"[1]。

还有一个需要重点说明的问题是,德语中与"参与式预算相对应的词汇是Burger haushalt,但它的字面意思是公民预算,而不是参与式预算;德国的参与式预算实践中更注重公民参与和公共管理现代化之间的关系"[2]。不同于世界各地的其他预算实践模式,德国的参与式预算十分具有独特性,甚至分配程序也大为不同。特点之一:在德国,参与式预算仅仅是指公共预算信息的公开,并没有公民参与协商这一层意思;特点之二:德国的参与式预算,更加强调具有专业技能的精英公民,对于预算过程提供的专业支持与咨询,并且认为"并不是所有公

---

[1] Giovanni Alegretti and Casten Herzberg. Participatory budgets in Europe: Between efficiency and growing loeal demoeracy, TNI Briefing Series; Transnational Institote and Centre for Demoeratie Poliey Making; Amsterdam, (May 2004), P.8 – 11.

[2] Carsten Herzberg, Participation and modernization, Participatory Budgeting in Germany: The example of Berlin-Liehtenberg, Paper presented to International Conferenee Partieipatory Budgeting in Asia and EuroPe, Hangzhou, August 17 – 19, 2009.

民的参与才是参与式预算"①。

(二) 德国参与式预算的基本做法

利希滕贝格市的预算实践，是德国参与式预算实践的典范。其在借鉴了克莱斯特彻奇政府管理经验的基础上，只是把将参与式预算作为整个预算改革系统的组成部分。利希滕贝格探索的多样化的信息公开方式、公民参与方式等预算改革，已经取得了明显的实践价值。利希滕贝格的案例，成了德国参与式预算典型的成熟的代表模式。通过对利希滕贝格参与式预算的剖析，大致可以了解德国参与式预算的整体情况。其参与式预算大致分为三个阶段，如表4-7所示。

表4-7   德国利希滕贝格市的预算实践基本做法

第一阶段是公开信息	1. 在分区参加讨论，来自各党派、政府代表及社会公民都可以参加讨论本分区的预算计划，然后将讨论建议方案通过网上进行评估 2. 通过互联网在线对话讨论，开通了面向公民的在线相互讨论和投票，提出需要在预算安排中增加的内容，对其他公民提出的建议做出评估 3. 是通过邮件进行参与，通过问卷进行代表性调查研究。公民可以了解到关于区财政收入和财政支出、税收及社区基本情况的详细信息
第二阶段是召开公共会议	1. 公民可以在公共会议上就相关问题进行质询 2. 在公共议会上协商讨论预算项目的优先性
第三阶段是预算表决	1. 根据第二阶段形成的方案向市议会进行报告 2. 由市议会对预算进行表决，最后确定下一年度的预算安排

资料来源：Anwar Shah. Participatory Budgeting [M], The World Bank Washington, D.C., 2007；王熙. 中国参与式预算制度研究 [D]. 北京：中央财经大学，2010。

二、德国参与式预算的评价

德国的参与式预算实践，第一模式特点就是参与方式的多样化，公民和公民团体既可直接参与，也可以通过信件和网络平台的形式，进行参与。第二模式特点就是参与项目的广泛性，几乎涉及与公民利益相关的公共项目。第三模式特点是政府具有比较强的主导作用，也具有比较强的接受公民监督的责任意识。这是德国的第一次参与式预算实践，自然而然地具有开拓创新的带动意义。既然这是

---

① [法] 伊夫·辛多默. 亚欧参与式预算 [M]. 上海：上海人民出版社，2012：141.

柏林利希滕贝格第一次实施参与式预算，自然而然地出现了一些预期的或没有预料到的问题。从一开始，区议会和项目研究小组很明显地面临着一个内在的风险，即参与式预算可能被人们通常的疑惑所左右。于是，在早期，参与式预算的组织者就放松了对参与会议机会和投票渠道畅通性的检查，以免某些人担心根本没有参与的机会。令人意想不到的是，多阶段程序、不同渠道的通信从反面制衡了利益团体代表的呼声[1]。

第四节

其他国家参与式预算模式简要分析

在其他一些国家也进行了一些非典型的参与式预算实践，但是相比较于巴西、美国和德国等国参与式预算实践的成效和规模，这些实践并不具有很高的学术借鉴意义。另外由于历史、文化和体制的差异，这些国家的参与式预算实践模式也不尽相同。

一、阿根廷的参与式预算

阿根廷的参与式预算，侧重于关注怎样使民众成为合格公民。参与式预算的实践，为民众提供了一种非正式的教育空间，一种创新的"公民学校"。参与者变得更有知识、更民主、参与更积极、也更关心公共利益，参与、表达、协商和决策的技巧与能力也有很大提高，并且能够将新的理解、认知和能力等应用到新的社会行为之中，形成了一种更为民主的政治文化。

二、加拿大的参与式预算

加拿大的参与式预算，着重关注成功实施参与式预算所需要的条件。这些条

---

[1] 王秀华. 参与式财政预算理论与实践 [J]. 合作经济与科技, 2011 (02): 35.

件包括：执政的左翼政党必须对实施参与式预算负责；政府必须具有实施参与式预算的组织能力；赋予民众某些决策权；参与者选择的计划或项目能够及时地实施；各种社会运动、社区组织和自愿团体等网络，为参与式预算提供支持；政府必须有充分的自主决定的资金，例如，预算总支出的12%～15%，这样，民众参与协商资源分配才有意义。

三、印度尼西亚的参与式预算

印度尼西亚的参与式预算，是"公众参与预算过程创制权"的一部分。雅加达正在国家和地方层面实施一项多年的公众参与预算过程的实践。这个项目在全国范围内建立了7个地方性的"透明预算论坛"，推动了越来越多的地方研究机构和非政府组织参与公共预算管理。

四、爱尔兰的参与式预算

爱尔兰的参与式预算，体现为社会伙伴关系协议的实践。1987年以来，爱尔兰就已经达成了5个"社会伙伴关系"协议，政府和许多公民社会组织广泛参与了经济和社会目标的咨询。1986年，国家经济和社会委员会开始在共同学习过程中推进各种"社会伙伴"的咨询，以便容纳各种社会经济选择、挑战和平衡等观点。社会伙伴关系是最近十年来爱尔兰经济成功背后的动力。此外，社会伙伴关系也创造了社会资本和信任。

第五节　国外参与式预算经典模式的启示

从对全世界主要国家参与式预算实践的综合分析，可以得出主要成就如下：第一，参与式预算过程为公民和公民团体提供了参与公共预算和国家治理的最佳平台。第二，参与式预算过程中的公民和公民团体参与是民主政治的里程碑，也是公共预算重建合法性的重要突破口。预算参与的合法性和合理性，将极大推动民主化进程，可以促进民主、法治、人权的完善，也有利于公民参政热情和能力的提高。从参与式预算实践的角度分析，通过参与式预算对政府形成制衡关系的改革，代议制机构的监督作用日渐突出，这是对国家治理方式转变的有益探索。第三，参与式预算，在一定程度上优化了财政预算管理的科学性。第四，参与式预算，对于深化政府信息公开，拓宽政府的监督渠道，有效避免公职人员的腐败，具有十分重要的现实意义。

一、明晰公民参与预算的诉求

从对全世界主要国家参与式预算实践的综合分析，可以知道公共预算涉及各个参与主体的核心利益，各个参与主体的利益诉求又具有多元性和复杂性。这就要求参与式预算的发展与完善，必须充分理解公民的意愿和核心利益，进而明晰公民参与预算的目标和诉求[①]。只有对于公民参与预算诉求的准确理解，才能为公共产品优先权的取舍，以及公众偏好的显示、转换、集合和统一等问题做出正确回答。

二、提升公民参与的积极性

从国外对主要参与式预算实践案例的分析，可以知道公民支持对参与式预算的运行和发展至关重要。参与式预算实践，是各个参与主体互动参与的过程，尤其是需要政府与公民、公民社会的互动协商。如果公民和公民社会，对参与式预算实践不感兴趣，预算参与就失去了其生命力的约束力，也就没有继续推行的必要了。这就要求参与式预算的发展与完善，必须充分提升公民参与公共预算的积极性。

---

① 王秀华. 参与式财政预算理论与实践 [J]. 合作经济与科技, 2011 (02): 35.

三、提高预算参与的绩效

从国外对主要参与式预算实践案例的分析，可以知道公共预算既涉及公共预算资源的利益配置，也涉及提供公共服务和产品的绩效性问题，因此，必须高度关注预算参与与绩效预算的整合。参与式预算作为一种极富生命力的新生事物，其推广意义是无法估量的，但是，也必须要充分考虑到参与式预算的有效性，也就是成本和绩效评估。预算绩效是指可能节约的资金，而且可以依据绩效评估做好一些非经济性的指标，如项目质量检测和居民满意度评估等。

四、实现充足的财力保障

分析国外参与式预算的主要实践模式，可以发现，越是自主财力充足的地方，参与式预算的推进和发展就越是顺利越是稳固，自主财力充足是公共预算改革和参与式预算改革深入推进的前提保障。一方面，有充足的财源，说明当地市场经济的发达，也意味着与市场经济发展存在必然联系的公民社会发育是日渐成熟的。一个成熟的公民社会的权利意识和参与意识，是参与式预算发展的重要保障。另一方面，有了充足的财政资金，公共部门方可以具备有效的财政灵活度和保障力，应对直接参与所带来的政策结果的不确定性和风险性。

在一定意义上讲，保障自主财力充足是规避参与式预算的执行能力不足风险，有效促进参与式预算发展和完善的重要保障。另外，推进参与式预算实践的一个重要条件，就是拥有充足的自主财政资金，只有如此，公共部门才能够以有效的财政灵活度和保障力，应对直接参与所带来的政策结果的不确定性和风险性。当然，充足的财力保障只是参与式预算有效发展的重要条件，而不是必要条件。因为，即使在贫穷的地区，也不可能剥夺公民的天赋人权和平等权。

五、打造合适的参与形式

从对全世界主要国家参与式预算实践的综合分析,可以发现对于公民和公民团体在公共预算中参与形式和模式的设计与规划,有利于公众意愿的充分表达。比如说,延长公众参与公共预算的时间,可以促进公共预算方案获得更多的理解和支持,也有助于公众表达自己的不同意愿,更有助于相关公共部门全面客观地了解公民诉求和偏好。

六、构建协同的治理模式

通过分析各国参与式预算的实践案例,我们可以发现,参与式预算并不仅仅依赖于任何单一的制度程序,而是依赖了众多的方法、手段和制度,这是一个系统的协同的构建模式。由于各国参与式预算并没有统一的模式,各有侧重,但从本质上来讲,都是从传统的单一管理型参与方式向现代的复合治理型参与工具的制度演化的过程,是一种直接民主与间接民主相结合的创新型预算管理模式。另外,任何公共预算改革的兴起与发展,都不是单一利益主体所能推进的,而是一个在系统环境里协同推进的合力过程。那么,在推进参与式预算实践的发展和完善中,必须构建协同治理模式,来创造改革和发展的条件。

七、提供良好的社会政治环境

从上述典型国家的主要参与式预算实践来看,当一个国家的改革派即使拥有非常强大的改革意愿和能力,但遭到了大多数的公民、社会团体或者议会成员的抵制,这种改革也不得到推进。实际上,传统政治因为公民的预算参与受到了严重冲击,很多公民和社会组织(包括既得利益者)也被牵扯进来,如果这些公民和社会团体的利益受到损害,他们必然会成为抵制参与式预算继续发展的重要力量。

由此可见，良好的政治生态环境对于参与式预算的健康发展是非常重要的，必须夯实政治顶层的支持，上级或者中央政府的鼎力支持十分重要。必须广泛争取社会资本的支持，只有各种社会团体和社会性力量都参与其中，参与式预算才会具有旺盛的生命力和活力。

第五章

我国参与式预算实践的主要模式分析

虽然巴西的参与式预算思想和实践,直到20世纪90年代末期才引入中国[1](陈家刚,2007),但是,从公民参与的角度来看,我国很早就运用社区居委会、村民自治委员等基层自治组织进行公民预算参与实践了。居民、村民或者代表以问卷调查、个别访谈、听证会、座谈会等多种方式,参与公共事务和财务预算。在预算制定之前和制定过程中进行参与,并对预算执行进行监督,确保财务出于公益向大家收费、全部收入的公平分配和集体投资的有效回报。当时这不叫"参与式预算",而是"村务公开"或者"村务民主管理"。尽管"村务公开"也是参与式预算的重要实践方式之一,但其价值的重要性却远远低于参与式预算在国家治理层面的实践意义。

温岭的参与式预算是一种本土化的创新,并不是从巴西等国直接学习借鉴而来的。甚至在最初计划开展时,也不知道这就是西方国家已经开始实践的"参与式预算"。实际上,就内涵和实践模式而言,温岭模式和国外模式也大不一样,和国内其他地区的实践模式也不大一样。另外需要说明的是,焦作、哈尔滨和无锡等地方的预算参与实践,也已经初具规模,并已经引起了社会各界的普遍关注[2]。

---

[1] 陈家刚. 参与式预算的理论与实践 [J]. 经济社会体制比较. 2007 (02): 52.
[2] 感谢温岭市财政局和焦作市财政局在调研过程中所提供的帮助;本章节也大量使用了温岭参与式预算网(http://www.yusuan.gov.cn)的数据和资料,在此表示感谢。

第一节

我国参与式预算的主要模式分类

总体来说，我国已有上万个农村和数百个镇级拥有类似参与式预算特征的实践项目，但是，得到学术界普遍认可的实践模式比较少，覆盖整个城市的参与式预算项目更少。甚至可以说，虽然我国的很多参与式预算实践具有实质性内容，但是也有很多参与式预算实践项目仅仅起到了展示作用。相比于我国的村镇或者基层组织的数量，现有的具有积极意义的参与式预算项目依然不多。本章为了比较研究的需要，着重分析了那些已经得到一致认可的参与式预算实践。在已经被专家学者们普遍认可的预算实践项目中，最早实行参与式预算的是浙江温岭，其后在联合国发展基金会的支持下哈尔滨和无锡等地也进行了试点，之后上海等一些地区也进行了特殊形式的参与式预算尝试。

当前，学术界普遍认可的参与式预算实践，或者将公民参与以制度化的方式引入政府预算流程的实践，有几大重大代表事件：一是2003年上海惠南镇的公共项目民众点菜改革。二是2004年浙江温岭以民主恳谈会为基础发展而来的新河和泽国两个版本的参与式预算实践。三是2005年哈尔滨市和无锡市的参与式预算工作，并将此工作迅速扩展到两个城市的多个县区和乡镇。四是由中国政法大学和财政部财政科学研究联合组成公共预算改革课题组，在上海市闵行区启动公共预算改革。

我国的参与式预算实践没有一个统一标准和模式，各地参与式预算虽遵从了大致类似的实践规律，但是因为各自实际情况的差异，所选择的模式也各不一样。

第一，民主恳谈模式。浙江温岭市从人大监管的层面，实现人大代表的充权并吸纳公众参与，促使人大更好地发挥监督作用，促使人大代表更加深入地参与公共预算的决策、执行和监督的过程。

第二，公众直接参与模式。焦作市、无锡市和哈尔滨市在预算编制层面引入公众直接参与的模式。借鉴国际经验推行"参与式预算"试验，通过预算信息公开、公民意见汇集、座谈旁听等形式，使公民参与到公共预算决策、执行和监督的过程。

第三，公共项目民众点菜模式。如上海惠南镇在预算草案制定过程中，先由人大办公室和镇政府征集各方意见，形成关于年度工作计划的征询表，然后由人大代表根据轻重缓急的原则进行投票表决，最后形成公共项目优先入选的预算方案[①]。

第四，绩效参与式的预算改革模式。如上海闵行区的一整套预算改革试验，包括了编制、审查和执行监督的全过程，从技术层面改革现有的预算编制方法，为人大对预算实质性审查提供了可操作的工具和手段，也便于进行政府绩效的监督和评估。

第五，本土创造的其他模式。这些模式虽不具有标准性，但是已经包含了财务公开、公民参与并进行集体决策等核心要素，如宁夏一些农村的五牙子章村务管理、四川巴州区预算公开改革、上海社区公益基金创投活动等。

另外，就预算参与的类型而言，可以分为两种不同类型的实践模式，第一类是温岭实践模式，从人大监管的层面吸纳公众参与，促使人大更好发挥监督作用；第二类是焦作模式，通过公民和社会组织对公共预算编制的广泛参与，实现预算编制的优化和预算监督的有效，目前无锡和哈尔滨等地的实践模式也大致与此相同。我国主要参与式预算模式的分类评价如表5-1所示。

表5-1　　　　　我国主要参与式预算模式的分类评价

类型	实践地方	内容	优点
人大监管的层面吸纳公众参与	以"民主恳谈"强化人大职权模式——温岭市	浙江温岭市从人大监管的层面，实现人大代表的充权并吸纳公众参与，促使人大更好地发挥监督作用，促使人大代表更加深入地参与政府预算的决策、执行和监督的过程	突出优点：强化人大的作用，是我国第一起人大代表履行预算修正权的尝试，促使"橡皮图章"的人大在预算审议过程中发挥更积极的作用

[①] 吕侠，周东明．论公民参与预算的民主政治[J]．中南民族大学学报，2013（02）：26．

续表

类型	实践地方	内容	优点
通过社会公民对预算编制的广泛参与	公众直接参与模式——焦作市、无锡市和哈尔滨市	在预算编制层面引入公众直接参与的模式。借鉴国际经验推行"参与式预算"试验，通过预算信息公开、公民意见汇集、座谈旁听等形式，使公民参与到预算决策、执行和监督的过程	突出优点：公开和政府财政预算相关的法规、制度、通知、说明、数据等政府文件，是焦作市预算公开的最主要手段
	公共项目民众点菜模式——上海惠南镇	上海惠南镇在预算草案制定过程中，先由人大办公室和镇政府征集社会意见，形成关于年度公共预算的征询意见表，然后由人大代表根据重要性和紧迫性原则进行投票表决	突出优点：充分保障了对各个预算参与主题的协商民主，使各方意见能够有效表达，并可以形成公共项目优先入选的预算方案
	绩效参与式的预算改革模式——上海闵行区	如上海闵行区的一整套预算改革试验，包括了编制、审查和执行监督的全过程，从技术层面改革现有的预算编制方法	突出优点：强化了参与对于绩效预算的现实意义，为人大对公共预算的审查提供了具体的、可以细化的工具和手段，也便于进行政府绩效的监督和评估
其他	村级财务公开、参与集体决策等	如宁夏一些农村的五牙子章村务管理、四川巴州区预算公开改革、上海社区公益基金创投活动等。这些模式虽不具有标准性，但是已经包含了财务公开、公民参与并进行集体决策等核心要素我国已有上万个农村和数百个镇级拥有类似参与式预算特征的实践项目，但是，得到学术界普遍认可的实践模式比较少。甚至有很多参与式预算项目仅仅起到了展示作用，也有很多参与式预算项目具有实质性内容	突出优点：数量众多，无论是参与形式是否完备，参与效果是否有效，均对我国的基层民主和公共预算体系的完善，产生了重要影响

资料来源：整理于调研资料、相关公开资料，以及温岭参与式预算网（http://www.yusuan.gov.cn）的资料。

第二节

温岭参与式预算模式

国内参与式预算实践中,最成功且受到最多关注的,是温岭市的参与式预算改革。现有的学术研究和讨论,也多以温岭参与式预算实践为主要研究对象。

一、温岭参与式预算的实践原因及历程

为了解决财政预算中长期存在的实际问题,如财政资金使用的随意性导致财政赤字难以约束、预算管理混乱、预算支出效率低、民主化水平低、人大监督作用发挥不充分等。2004年8月10日,温岭市温峤镇就是否需要增加200万元的政府预算投入(用来修筑水渠把吉屯坑水库的水输送到其他村庄),召开了民主恳谈会,温峤镇的人大代表、政协委员,以及各村的村民代表参加了此次民主恳谈。恳谈结束后,温峤镇人大主席团召集人大代表,就吉屯坑水库引水工程建设和增加200万元基本建设投资预算进行表决,应到会镇人大代表78名,实到53名,与会人大代表通过举手表决全票通过。这是温岭参与式预算的雏形。

之后,浙江温岭市"按照有关法律规定的预算审查和监督是各级人大的一项重要职责的精神,于2005年开展实践探索,第一批试点在新河和泽国两镇推进,主要实践模式是采用民主恳谈的方式强化基层人大和代表的预算审查和监督职权,并打造出了参与式预算在基层实践的创新模式"①。自2008年以来,温岭又将参与式预算从两个镇推广至6个镇,从镇一级提升到市一级,进一步将参与式预算引向深入。当前,温岭市"参与式"预算审查改革曾高票入选"十大地方公共决策实验",还入选"中国改革开放30年创新案例"120个候选名单。

---

① 徐珣,陈剩勇.参与式预算与地方治理:浙江温岭的经验[J].浙江社会科学,2009(11):15.

二、温岭参与式预算的实践情况

温岭参与式预算实践是自下而上进行的,这项实践首先发轫于新河镇和泽国镇,然后总结经验,在修正不足的基础上进行全市推广。一方面,由点到面,逐步扩展至其他几镇;另一方面,由下而上,相继开展了市级部门预算及执行情况的民主恳谈。

(一) 以人大预算审查监督为主要内容的新河做法

新河镇参与式预算实践的特点,就是强化人大的公共预算权力,"通过民主恳谈对公共预算的编制和执行进行审查和监督。从2005年开始,新河镇政府的财政预算草案提交镇人大后,由人大向全镇公开,并举行预算讨论会,讨论结果随后向人大会议宣布,人大代表据此对政府进行询问,并共同修改预算,形成新的预算方案"[①]。新河镇的预算过程分为三个阶段。

1. 会前初审

第一,政府提出草案。政府在人代会前提出预算草案,在次年提出预算调整议案供人大代表及公民初审。政府对预算的调整,主动以议案的形式向镇人大主席团提出,并由镇人大主席团采用民主恳谈的形式进行审议[②]。

第二,公众初审草案。在预算审议之前,先让代表初审预算,能让代表提前了解预算,更加深入了解预算,能使代表在人代会上有话说,说得好。预算初审分为工业、农业、社会事业三个组,财经小组成员与人大代表分组参加了恳谈,对细化后的预算条款进行充分的讨论与磋商,并吸纳了部分公众参与者提出的合理建议,最后由各小组组长形成初审报告。比如,充分发挥人大会议前的现场考察,人大主席团、财经工作小组,以及人大代表赖以审查和讨论的预算信息,不仅仅基于预算报告,而且还来自于公共项目的实地考察[③]。

[①] 陈家刚,陈奕敏. 地方治理中的参与式预算 [J]. 公共管理学报,2007 (07): 26.
[②] 徐珣,陈剩勇. 参与式预算与地方治理:浙江温岭的经验 [J]. 浙江社会科学,2009 (11): 15.
[③] 地方治理中的参与式预算,http://www.participation.cn/xinwenzixun/yenadongtai/699.html.

2. 大会审议

第一，开展互动对话。具体预算对话是按三个步骤进行的。一是预算草案的报告和细化说明；二是民主恳谈，畅所欲言，解答疑问和困惑；三是召开包含人大主席团、镇政府和财经小组三方的联席会议，汇总梳理各方意见[①]。

第二，提出修正议案。根据各方意见和预算实际情况，提出政府预算的修正议案。设置预算修正议案，是对政府纠正最有力、民意表达最充分的程序安排。

第三，表决通过决议。为减少代表顾虑，进一步表达真实意图，改变单纯依靠举手的表决方式，采用无记名投票形式，对议案进行最终表决。在预算程序上变动的一小步，却是代表民主权利进步的一大步。比如说，在2015年新河镇的预算共有192人参加会议，其中党政领导有9名，人大代表90名，来自全镇的群众代表共有193名。这是一种要让公民参与预算的有效实践，人大代表和居民也可以随时监督预算的执行。另外，根据调研数据，我们发现新河镇参与式预算的列席人员呈现多元化趋势，人大代表与社会公众是重要的参与主体，其中人大代表发挥的作用更关键、更直接。但是，也存在代表主体的代表性不突出等问题，比如说，普通公民的预算参与就十分不足。

3. 会后监督

设置具有常任性质的人大财经小组，负责对公共预算执行情况的监督。2006年和2007年将财经小组成员由原来的5位扩大到8位，新增的3位成员在人大代表里产生。财经小组，对人大主席团负责，拥有随时获取预算执行情况的权力，并参与每一年的预算编制。镇政府有向财经小组汇报预算编制和执行基本情况的义务。财经小组拥有专家咨询团队，能够保障预算审议和监督的专业性和科学性。

（二）以公民协商建设项目为主要内容的泽国做法

与新河镇预算初审民主恳谈的特征相比较而言，泽国参与式预算实践更加注重在预算编制细节和程序方面的规范。比如，设置商谈主持人制度；创新使用民

[①] 徐珣，陈剩勇. 参与式预算与地方治理：浙江温岭的经验 [J]. 浙江社会科学，2009（11）：15.

意代表抽签分组制度；按照小组的优势，划分预算商谈的项目；强调民意代表与政府成员一样具有参与商讨的权力①。

1. 预算报告详尽细化、初审范围广泛

在预算初审阶段，根据各个参与主体的基本情况，划分不同协商小组，分组对预算草案进行讨论，并提出意见和建议②。在预算初审的基础上，镇政府做出预算草案的报告，随后各个小组提交预算修改的意见和建议，并责令政府必须参考。

2. 会中进行预算质询、修正和批准

泽国镇政府接受各参与主体的预算草案答疑和质询，进行预算修正。然后再次提交人大会议审议，如无反对意见，可以通过；若各小组和代表仍有意见和建议，可以继续提出预算修正要求。人大会议在对预算方案的修正案进行表决中，以二分之一以上的多数同意为通过标准③。

3. 会后的履职和监督

在泽国镇人大闭会期间，人大小组要求政府汇报每个季度预算执行情况。如需要进行预算的一般性调整，则必须提交人大小组进行审议备案；若涉及重大预算变更，必须再次召开镇级人大会议，经审议通过才能执行；若涉及以超收追加支出，也必须再次召开镇级人大会议，经审议通过才能执行。

（三）以民主恳谈为基础的温岭模式

目前，参与式预算已经在温岭市全面推广，在市人大《关于开展预算初审民主恳谈加强镇级预算审查监督的指导意见》指导下，温岭市的预算改革的模式也在不断修订完善。主要内容涉及："组建公民广泛参与的预算审查监督参与库和人才库；增加代表和公民初审、讨论预算编制的环节，实行广泛的预算初审民主恳谈、部门预算民主恳谈和代表工作站预算征询恳谈；人代会期间镇级通过大会审议、询问、辩论、提出并票决预算修正议案，实际通过分代表团专题审议部门预算等途径加强预算审查；人代会后推动预算向社会公开，并在各镇设立人大财

---

① 陈家刚，陈奕敏．地方治理中的参与式预算［J］．公共管理学报，2007（07）：26.
② 陈家刚，陈奕敏．地方治理中的参与式预算［J］．公共管理学报，2007（07）：26.
③ 徐珣，陈剩勇．参与式预算与地方治理：浙江温岭的经验［J］．浙江社会科学，2009（11）：15.

经小组以便加强预算这行和决算监督"①。

1. 公众参与的途径

温岭参与式预算有句口号"只要有意愿，就会有机会"。意思就是，公众只要想参与公共预算审查监督，就定有机会。从实践来看，根据不同公众层面，目前主要有以下六种参与途径，如表 5-2 所示。

表 5-2　　　　　　　　　　温岭模式的途径和主要内容

途径	主要内容
定向邀请	通过组织推选、确定参加的对象并发出邀请。这方面人员一般区域性、专业性、代表性比较强，像一些专家、知名人士、企业法人、村干部、种养殖大户等，熟悉政府工作和社情民意，对所参与的预算情况比较了解，发表的意见也很到位
广而告之	就是在本地各大媒体上发布公告，面向社会公开邀请公民和社会组织参加预算民主恳谈。比如新河镇，在全镇范围内发布预算初审民主恳谈公告后，每年自愿参与的各界代表和公民就不下 100 多名。温岭市人大发布的 2012 年部门预算民主恳谈公告，就有 26 人主动报名参加，里面包括一些网民、一些"新温岭人"，还有一些中介机构、行业协会、社团组织的负责人等
随机抽取	比如泽国镇，采用乒乓球摇号的方式，按照 2‰ 比例，从全镇 18 周岁以上的人群和外来人口中随机抽取产生 200 多名民众代表，参与年度预算编制民主恳谈
科学抽样	温岭市人大在全市范围内建立了预算审查监督参与库和专业库。参与库共计 3 万余人，主要由全市所有村（居）民代表、全体各级人大代表、妇女代表、科协界代表、青年代表、税收 50 万~100 万元企业法人代表、大专以上学历外来人口、担任过副处实职以上离退休老干部、民情联络员等 10 方面人员组成；专业库共计 300 多人，主要由人大财经工委议事委员会成员、人大代表工作站负责人、财政审计监察等机关人员、会计事务所、审计事务所等比较熟悉预算知识的一些专业人员组成。然后通过设定区域、年龄、性别、学历、身份等条件，从两库中科学抽样产生参与对象
代表征询	就是广大市、镇两级人大代表，以代表工作站为主要载体，以民主恳谈和调研座谈为主要形式，组织选区选民参与市、镇两级预算编制讨论，广泛征询基层选民意见
媒体追踪	在参与式预算的各个阶段，新闻媒体充分发挥舆论监督作用，利用纸质媒体，进行持续关注和追踪报道，并在报纸和网络上适时引出一些话题，发动读者和网民深度参与讨论，成为推动预算改革的有生力量

资料来源：温岭参与式预算实践的调研资料以及温岭参与式预算网（http://www.yusuan.gov.cn）的数据和资料。

---

① 陈家刚，陈奕敏. 地方治理中的参与式预算 [J]. 公共管理学报，2007（07）：26.

第五章 我国参与式预算实践的主要模式分析

2. 公众参与的方式

人大代表深度参与，人大代表既是民选代表，又是法律赋予的国家权力机关的组成人员，在预算审查监督的各个环节全程实质性参与（见表5-3）。

表5-3　　　　　　　　温岭模式的人大代表参与内容

方式	人大代表深度参与的主要内容
会前介入	一是提前研读。会前发到人大代表手中，人大代表对拿到手的预算草案进行认真研读，从中发现和思考分析一些问题 二是会前调研。在人代会前，由各镇（街道）人大组织人大代表，到相关部门开展调研，了解预算情况 三是征询民意。人大代表通过代表工作站、座谈会等平台或形式，面向所在选区的选民，广泛征询意见和建议
会中审查	在人代会上，人大代表根据会前准备的情况，开展深入审查，充分发表意见和建议。如在镇一级，采取分代表团审查与集中审查相结合的方式。其中举行的大会集中审查（或称大会询问），镇政府负责人全部坐在台上，人大代表当场提出意见和建议，并就预算相关事项向镇政府负责人提出询问，面对面互动。镇政府根据大会询问意见形成预算修改方案，经大会主席团讨论同意后再分代表团审议 人大代表对预算修改方案仍有不同意见的，5人以上联名（市一级10人以上联名）可提出预算修正案，经大会主席团审查后提交全体会议进行投票表决。在市一级，采取市级预算分代表团审查与部门预算专题审查相结合的方式
会后监督	在镇一级，设立镇人大财经小组，由人代会推选5~10名人大代表组成，在闭会期间协助镇人大对预算执行情况进行监督。在市一级，人代会后，人大常委会主任会议听取政府关于部门预算专题审查会代表建议意见研究处理情况的汇报，财政部门要将意见吸纳情况汇总后分发到各个代表手中。此外，人大常委会审查决算和审议预算执行情况报告的时候，还邀请部分人大代表列席会议，监督预算执行情况

资料来源：温岭参与式预算实践的调研资料以及温岭参与式预算网（http://www.yusuan.gov.cn）的数据和资料。

社会公众广泛参与，主要有以下几种方式，如表5-4所示。

表5-4　　　　　　　　温岭模式的社会公众参与内容

方式	社会公众广泛参与的主要内容
镇级预算初审民主恳谈	一般提前一周在该镇范围内发布恳谈会公告，参与恳谈会的民众代表通过自愿报名、定向邀请、随机抽取等方式产生，并进行必要的预算知识培训。然后再召开预算初审民主恳谈会。具体程序为：一是确定初审小组。一般设置经济发展、社会事业、村镇建设、环境卫生、综合治理等若干个初审小组，民众代表可自由选择组别。二是分组恳谈。镇政府介绍预算草案编制有关情况，民众代表对预算草案逐项进行恳谈、讨论，镇政府负责人回答有关问题。分组恳谈之后，各组整理初审恳谈情况并准备在人代会上向大会汇报。三是意见吸收。会后镇政府研究吸收初审意见并修改预算草案

续表

方式	社会公众广泛参与的主要内容
镇级预算初审民主恳谈	在会前初审阶段，各镇人大还通过增加初审次数等途径，不断提高初审效果。如泽国镇，先在通过乒乓球摇号产生的200多名民众代表中举行一整天的财政预算民主恳谈会，民众代表被分成农业发展、工业发展、村镇建设、城市管理等十个组，采取集中恳谈与分组恳谈交叉进行的方式，反复对预算进行讨论并提出修改意见。之后又召开仅有人大代表参加的预算初审民主恳谈会。温峤镇先分45个村居和1个行业协会（工量刃具协会）开展预算民主恳谈，然后再分经济、城建、社会、性别预算四个专题来进行恳谈。第一次是大范围的，所有的村民代表都可以来，一个村平均30~50人，起码有1500多人接触并参与预算方案的讨论。第二次是专题式的，特别是性别预算，让妇女也可以大规模地走进预算恳谈会参与预算审查，成为国内少数几个试行性别预算的地方。四大组审了再到人代会上审，最后形成了一套比较完整的预算方案。箬横镇第一次初审预算是按地域为单位进行分片恳谈；第二次是把区域打乱，按功能分经济、社会、城镇建设三个界别恳谈，效果也非常好
市级部门预算民主恳谈	在市人代会前，组织社会公众对部门预算进行民主恳谈，目前已在交通、水利、城建、卫生、教育5个部门实行。从2008年至2012年，参与部门预算民主恳谈的人数超过2200人次以上。公众参与的基本原则是：总量控制、区域兼顾、两库联动、稳中有变。总量控制，就是每场民主恳谈人数控制为80~100人，这样恳谈的效果最佳；区域兼顾，就是在选择恳谈对象上，尽量考虑区域之间的平衡性；两库联动，就是从预算审查监督参与库和专业库中科学抽取人员参加；稳中有变，就是尽量让参加民主恳谈的人员"大稳定，小调整"，既保持一定的稳定性，又有所变化
代表工作站预算征询恳谈	温岭市人大在基层有42个人大代表工作站。近两年来，在人代会召开前夕，温岭市人大每年选择5个代表工作站（今后将逐年推广到全市所有代表工作站），分别根据在人代会期间所要审查的部门预算，组织部门与选民开展预算征询恳谈。恳谈时间由代表工作站确定，并向本选区或区片的公众发布公告，邀请公众广泛参与。另外在5个街道，由于没有人代会，也通过代表工作站或民情联络员为载体，就街道预算直接与选区选民征询恳谈，广泛征集意见，取得了良好的效果
预算调查问卷	如泽国镇在预算民主恳谈之前，选出一批初步安排的城市建设项目和民生相关项目（譬如各10个），同时提出每个项目的资金预算，形成预算项目民意调查问卷。如温岭市人大举行的2010年水利局预算民主恳谈会，也借鉴了泽国镇做法。为了更全面地收集民众意见，市人大专门制发了《温岭市2010年水利建设重点项目民意调查问卷》
预算公开	温岭市人大早在2008年，就将预决算审查监督的所有信息在网上公开，比如首次在网上全文公布了审计工作报告，毫无保留地将审计发现的财政预算运行中存在的问题公之于众。2009年开始，温岭市人大将部门预算公开作为主要推动方向，就部门预算公开的时间、内容、格式、途径等，向财政和相关部门提出明确而具体的意见，要求每年逐步拓展部门预算公开的单位和范围，逐步将公开的部门预算表格完善和细化，尽量让代表和社会公众看得懂、看得明白

续表

方式	社会公众广泛参与的主要内容
预算公开	目前，已有35个部门预算及"三公"经费已在温岭人大网上公开，公开的部门预算信息包括《部门概况》（部门主要职责、人员信息、当年工作安排等）《收支预算总表》《预算支出核定表》和《"三公"经费预算表》，其中今年公开的部门"三公"经费预算，还将上年度的"三公"经费执行情况、今年车辆计划购置情况以及现有车辆数、核编车辆数等信息同步公开。同时，在市级报纸上刊登房和城乡建设规划局、市卫生局、住教育局预算及"三公"经费，引起市民的高度关注。此外，还网上公开16个镇（街道）的预算及"三公"经费。通过预算公开，使广大民众对本区域预算有了详细了解，为参与并监督预算奠定了基础和条件

资料来源：温岭参与式预算实践的调研资料以及温岭参与式预算网（http://www.yusuan.gov.cn）的数据和资料。

三、温岭参与式预算的主要成效及不足

（一）温岭参与式预算的积极效果

温岭市的参与式预算实践，突出了人大的作用，是我国第一起人大代表履行预算修正权的尝试，促使"橡皮图章"的人大会议在预算审议过程中发挥更积极的作用，这是基于政治体制内部的改革，代表着我国公共财政建设的新方向，有助于我国政治体制的完善和国家治理现代化进程的实现。温岭参与式预算通过引入公民参与，加强了对预算编制、审查和监督的公开透明化的控制。中山大学政治与公共事务管理学院副院长马骏教授评价温岭市2006年的修正议案时说，这是"国内第一起人大代表行使预算修正权"。一是促进公共预算和公共决策的透明，通过将公共决策的焦点从政治家和技术官僚的办公室转移到公共论坛，公共决策的参与者越来越广泛，公共决策过程也逐渐变得透明起来，在传统预算中人大审查和批准预算只是个形式和程序问题；二是激活了人大作用，强化了人大会议和人大代表的监督和制约的权力，参与式预算转变了温岭市人大会议的作用，保障了其作为宪法意义上的公共预算决策机构的权力地位；三是促使公共预算编制更加详细、更加科学，形成了一种健康的预算民主的文化氛围；四是改进后的公共预算或者政府工作，为公民和公民社会提供了更好的公共服务。参与式预算启动以后，整个温岭市的居民生活质量，以及公共服务的供给都有了很大改

善。通过参与式预算，居民开始变得更文明、更积极地参与公共生活，以及更好地理解国家、市场经济和公民社会。

（二）温岭参与式预算的缺憾和不足

温岭的参与式预算实践，由于是处于我国公共预算改革初级阶段的探索和实践，自然而然地也就存在着某些明显缺憾和不足，需要继续改进和完善。

第一，技术性限制导致预算参与不足。预算改革中还存在着一些技术性的限制，例如，预算编制的转型、投票程序的设定、预算知识的普及，以及参与能力的提高等。这就阻碍了参与者对于预算改革的理解和支持。新河镇最近几年有了一些商业组织和农村专业技术协会，他们的主要活动是协调，以及对农业、农村和农民进行技术性帮助，居民并没有通过民间组织或团体组织起来。在新河镇，这几年总共只有几百人参与公共决策过程，而且其中大多数还都是镇人大会议的代表，只有少数一部分公民因为其利益受到决策影响而参与了会议。另外，公共预算的细化和公开程度还有待提高，预算科目细化到类、款、项、目、节的并不多，有些部门和乡镇的预算编制还比较粗放，并且预算公开的范围和方式还不能完全适应国家治理现代化转型的需要。

第二，尚没有与现行的法律制度框架融为一体，这项改革实践至今尚游离于现行宪法法律之外，尚未得到高层政府的明确肯定，缺乏确切的宪法法律和政策依据，这也成为参与式预算实践进一步深化的根本困难和主要障碍。

第三，公民和人大代表的预算专业知识仍需要进一步提高，普通民众一般缺乏预算方面的专业知识，急需专业人员的指导和对公民代表进行培训。温岭市的基层民众，一般都缺乏预算方面的专业知识，如果不是在专业人士的指导下，他们很难对公共预算资金安排和使用的合理性和有效性做出科学的判断。

第四，后续监督环节仍有待提高，有些预算工作不到位，比如说在执行中超预算、随意改变、随意更改时有发生，这不仅影响了预算资金的使用效率和预算执行工作的严肃性，而且也使预算编制中所反映和体现出的民意想法得不到有效实现，甚至完全落空。

第五，在公共预算制度设计上，缺少对于预算责任追究机制的设计，这不利于提高预算执行中的绩效性和责任性。缺乏对基层行政机构的有效监督,虽然在人大会议闭幕以后,将预算审查委员会转变了常设的财经工作小组,作为日常的监督机构。但面对掌握大量政治和行政资源的镇政府来说,它依然是弱者。

第三节 焦作参与式预算模式

对于焦作参与式预算实践的认识,学术界尚存在不同的观点和看法。李凡认为焦作预算实践模式在整体上看,仅仅是一场技术性的公共预算改变;卢迈认为焦作预算实践是对巴西参与式预算的借鉴,是非常标准的参与式预算实践案例;贾康认为焦作预算实践模式,是配合公共财政建设和经济社会转型的一项预算创新,是我国公共预算改革的标杆。

一、焦作参与式预算的实践原因与历程

焦作市参与式预算或者预算公开,是在规范会计信息基础上实现的。1998年,焦作市以治理会计信息失真、管住会计不做假账、财政资金全部入笼等为改革重点,建立了政府会计基层组织和基础信息管理体系,之后,逐步开始公开部门预算。在2004年,在预算过程中引入了公民和社会组织的参与机制,并对部分部门的部门预算进行社会听证。在2007年,通过"财经沙盘"的财经信息系统,实现了预算信息的公开透明。

焦作市之所以实施预算信息公开改革,是有着深刻原因的。从20世纪末期,焦作市遇到了十分严重的经济、财政和社会问题,出现了财政困难和财政资源闲置并存、预算权力分散决策受到影响、资金分配不透明使用太灵活、财政问责缺乏、政府公信力下降等问题。于是,"一场涉及各方思想观念、利益调整和制度创新的财政综合改革拉开了帷幕"[1],并基于现有的法律和制度框架,进行了涉

---

[1] 杨文涛,任中平. 参与式预算的地方实践:公共预算改革中的焦作模式 [J]. 湖南工业大学学报. 2010 (10): 92-96.

及公共财政各个领域的系列改革。经过十多年的持续推进，焦作参与式预算实践逐渐完善和成熟。

二、焦作参与式预算的实践情况

（一）直接公开政府预算

公开和政府财政预算相关的法规、制度、通知、说明、数据等政府文件，是焦作市预算公开的最主要手段。例如："政府公共预算总体情况、社会保障预算、政府性基金预算、非税收入预算、政府债务预算、国有资本经营预算、政府采购预算、社会性别反应预算、政府投融资预算等文件。"① 据上海财经大学公共政策研究中心对焦作市财政透明的特别评估，认为焦作市得分在90分以上，是"我国财政最为透明的政府之一"（见表5-5）。

表5-5　　　　　　　焦作市参与式预算实践的预算公开

在公开内容上明晰设计	一方面编制综合预算，将所有政府性收入，全部纳入财政预算盘子，将部门和单位组织的各项收入及安排的支出全部纳入部门预算。另一方面推行复式预算，把全部分类预算与部门预算同步布置、同步编制、同步批复、同步执行，全部向社会公众公开，从纵向和横向两个角度，对预算全明晰、立体式公开
在公开路径上全过程操作	将参与式预算作为预算公开的重要程序，引入公众参与机制，接受社会公众监督，并落实到预算编制和执行的每一个环节的每一步
在公开项目上精细化管理	对于财政项目支出，特别是教育、医疗、卫生、农业、社区建设等与人民群众利益相关的重点民生项目上，具体公开到"类""款"，直至到"项"
在公开范围上全方位公开	推进包括程序、制度、重要项目等在内的全方位公开（公开财政预算信息、公开重要项目情况、公开政府官员薪酬、公开"三公"支出情况），保障公民的知情权、参与权和监督权

资料来源：焦作参与式预算实践的调研资料以及相关公开资料。

---

① 杨文涛，任中平. 参与式预算的地方实践：公共预算改革中的焦作模式 [J]. 湖南工业大学学报. 2010（10）：92-96.

（二）建立公众广泛参与的机制

焦作市的参与式预算实践，通过创新预算参与的方法和流程，合理设计预算参与的流程，"建立了从信息公开、部门申报、财政会审、民意测评、专家论证、社会听证、人大审查、审计监督八个流程的参与式预算"[①]，通过扩大各个参与主体的知情权、参与权和监督权等方面，对公共财政预算的全过程进行了推进和探索（见表5-6）。

表5-6　　　　　　　焦作市参与式预算实践的参与机制

参与机制	主要内容
专家论证	召开来自市人大、审计、高校等社会各界的专家论证。汇集专家学者的智慧，应对预算的专业性、科学性和复杂性的要求。在专家论证结束后，将专家意见和建议系统整理，形成预算编制和政府决策的参考和依据。2008年10月29日，焦作市政府财政投资项目专家论证会召开。来自焦作市人大、审计、河南理工大学等社会各界的8名专家和教授，对2008年部门预算已经安排到部门但未细化到具体单位和项目的专项资金，进行了专家论证。而且会后，论证委办公室将每位专家的意见汇总成册，形成论证报告，作为科学编制部门预算的重要参考和依据
民意测评	用民意测评，汇集公民的预算诉求，体现公民的民意偏好。通过焦作电视台专栏节目、焦作日报、网络等形式对市委市政府确定的重大支出项目和事关民生等公共支出项目进行公示并公开征集意见，邀请公众进行网上投票。政府以此推选出代表公众心声的项目，使财政预算决策体现民意
社会听证	邀请社会各界参加部门预算听证，既有专业人士，也有比普通民众，尤其是扩大相关利益方的参与力度。在预算听证后，根据社会各界的意见和建议，调整或修改部门预算相关内容。2008年10月31日，焦作市财政局召开了2008年部分政府财政投资项目社会听证会议。此次听证会选取教育局、农业局、城管局、林业局、卫生局等单位的年初预算已安排但没有详细实施方案的八个项目，邀请人大代表、政协委员、决策咨询委员会专家库专家、预算单位代表、财政监督员和普通公众代表等70余人参加听证，以及相关部门领导进行监督。与会人员就教育质量奖的绩效、专业合作社认定、城市垃圾处置、生态城市建设等项目进行了提问，发表意见和建议。预算单位认真进行陈述、申辩，提供详细充分的依据。根据预算听证委员会听证代表和有关专家的意见，预算单位调整或修改部门预算相关内容，经市政府批准后，及时向社会公开，自觉接受监督
信息公开	开展"公共财政与百姓生活"动态报道，通过电视、报刊、网络、手机信息平台等多种方式，公开政府预算的基本信息和重大民生预算问题，接受社会各界的质询和监督

资料来源：焦作参与式预算实践的调研资料以及相关公开资料。

[①] 杨文涛，任中平．参与式预算的地方实践：公共预算改革中的焦作模式[J]．湖南工业大学学报．2010（10）：92-96．

(三) 建立"财经沙盘"网络信息系统

焦作市财政局自主研发设计了财经沙盘，它汇集了焦作市地理、宏观经济、财政预算等多方面信息，"直观地反映出焦作市宏观经济概况、公共财政运行、税源动态分布以及各单位预算、实际支出的动态数据和历史数据；财经沙盘也称之为可视化管理系统（或触摸式直观反应系统），对内是集行政办公、财经管理和决策支持为一体的管理平台，对外是社会传媒综合服务平台和管理工具"[①]。一直以来，财政资金的流转与监管是公共预算工作的重心，这也是"财经沙盘"监控管理的重要内容。从财政内部管控、信息应用的角度看，"财经沙盘"则从信息化层面通过政府网站和财经沙盘等信息平台，构建了面向决策层、应用层、服务层的三个信息平台。财经沙盘能够自动把财政部门的各项工作、文件报告、分析结论等归集到明细目标类别中，并能系统地监控预算工作和执行完成情况。

(四) 建立"四权分离"的财权制衡机制

焦作市参与式预算实践，建立了编制、执行、监督、绩效评价分离结合并有效制衡的预算权力体系。通过"四权分离"，初步构建了保障公共预算的新预算权力体系。为保障"四权分离"的财权制衡机制顺畅运行，焦作市建立了财政"大办制"的运行机制，适时适度、适宜有效跨越领导分工和科室界限，整合业务职能，使编制、执行、监督和评价这四大权力的运转更加规范。

三、焦作参与式预算的主要成效及不足

(一) 焦作参与式预算的积极效果

焦作市参与式预算实践，涉及了公共财政各个领域。通过直接公开政府预算文件、建立公众广泛参与的机制、建立"财经沙盘"网络信息系统、建立"四

---

① 陈家刚，陈奕敏. 地方治理中的参与式预算 [J]. 公共管理学报，2007 (07)：66.

权分离"的财权制衡机制和增强人大的监督职权等措施,"打破了以往人大审查形式化的缺陷,在预算编制中加入人大初审环节,实行人大初审和人大履行职能的预算审查双重监督",对基层民主和治理是一项具有积极意义的创新。第一,提高了焦作市政府及其部门预算决策的科学性,使公共预算资金的分配向居民关心的问题倾斜,以便保证预算资金的投入能够真正投入到公共服务项目。第二,使公共预算管理日益规范化。第三,减少了部门间争抢公共预算资金的矛盾,公众的知情权开始成为对政府行为进行有效监督的最好手段。第四,财政赤字明显缩减,预算信息公开和项目公示,使预算资金分配日趋合理,支出得到严格控制,达到了资金节约减少赤字的效果。仅仅在 2000 年就清查沉淀资金 2 亿元,占当年财政收入的三分之一。另外,自 2003 年以来,焦作市政府采购规模连续 8 年位列全省第一,平均节支率达到 12%,人大议案、政协提案办理满意率基本达到 100%。特别是社会关注的"三公"支出也得到了有效控制,仅在 2010 年这一年,就同比减少 23.2%、5.3%、13.3%。

(二) 焦作参与式预算的缺憾和不足

当前,焦作参与式预算实践尚处在试验阶段,还存在一些不足和明显问题。第一,政府过于主动,严重压缩了公众参与预算的空间。虽然焦作市给出 60 个项目让公众投票选出最满意的 10 项,但政府部门已经为参与式预算的项目范围划定了一个框框。第二,作为政府主导型的实践模式,在一定程度上削弱了公民和社会组织的主动性和积极性。第三,预算参与者的代表性不强,选拔参与代表的公平性、代表性和广泛性,仍然有待改进。另外,人大代表人选的官员化现象依然十分严重,普通民众的参与机会依然十分不足。第四,可持续性堪忧,焦作参与式预算尚游离于法律制度框架之外,缺乏法律法规保障和上级政策的明确支持;公民和公民社会的参与仍然不足,公民的参与能力仍然有待提高;专家队伍建设明显不足,相比较于发达地区和二线城市,焦作市处于相对落后的中部内陆地区,在地级市层面发展起点还比较低。

第四节

闵行参与式预算模式

闵行参与式预算实践，也被称之为预算审查监督改革，是在依法理财的基础上，通过增加公众参与对民生财政项目的审查监督，是提升预算管理和预算绩效的一种实践探索，其目标是尝试建立依法理财的公共财政制度，主要形式是区人大对政府预算中涉及的民生项目的审查监督，目的是为了财政资金更为合理地支出。也就是说，闵行区的预算改革，并非学术层面严格意义上的参与式预算。另外，限于资料搜集的不便，本节对闵行实践模式的分析尚不系统和全面。

一、闵行参与式预算的实践情况

2008年2月，《闵行区人民代表大会常务委员会预算审查监督办法》的正式实施，标志着闵行参与式预算实践或者预算审查监督改革的正式开始。当年6月，闵行区政府、财政部财政科学研究所、中国政法大学宪政研究所、耶鲁大学中国法律中心合作举办了"公共预算改革——预算编制和绩效评估国际研讨会"，闵行区将在上海率先推行以结果为导向的区预算编制模式改革。此次改革以强化公共财政理念为出发点，在形式上表现为人大对政府预算的审查监督，在内容上体现为财政资金的支出更趋合理。其中，公众参与预算成为改革的重要组成部分。

（一）强化人大审查

强化人大预算审查，是闵行区参与式预算实践的重要特征之一，也是闵行区公民预算参与的重要环节。闵行区人大财经委会负责对区财政预算的审议会议的具体工作，在2008年的人大三次会议上，该委员会通过把区政府财政预算细化为358页的预算详表，保障了预算草案编制信息的全面性和真实性，也为人大代表和普通公民的知情权和参与权提供了翔实的基本数据信息。与此同时，为了保障人大和人大代表的充分履职,该委员会也对审议时间进行了调整,采用了人大提前介入预算草案编制的措施①。

(二) 规范公开听证程序

闵行区参与式预算实践的另一重要特征,就是通过规范公民公开听证的程序,使政府与公民之间的联系更加紧密,尤其是在预算编制、执行和监督等层面的联系更加紧密。联系紧密了,使得政府在公共预算草案编制前,能够充分了解公民的基本偏好和利益诉求。"由人大进行预算公开听证,相关政府部门和财政局官员向听证公众代表陈述政府的预算资金如何花,以及花钱的理由和依据,并接受公众的质询、质疑和监督;此外,公开透明财政局将各个部门的预算在网上公布,让民众发表质询意见"②。

(三) 推行结果导向的绩效评价

闵行区的参与式预算实践,比较重视结果导向的绩效预算评价,强调预算绩效对公共财政预算支出结果的重要性。闵行区以结果为导向的绩效评价,通过对预算结果的实现程度的绩效考核,实现了对公共预算执行的全流程监控,有效避免了单纯考核支出项目和支出数额的监控盲区,有助于提高公共预算收支资金征管和使用的有效性。

(四) 闵行参与式预算的具体做法

第一,预算草案的初审。根据汇总的《预算编制报告》,"金额在500万元以上的民生项目制定绩效目标,2000万元以上项目全部采用以结果为导向的绩效预算编制模式;重大项目向社会公示,召集相关领域专家等召开评审会,在此基础上,由区人大在其中选择部分项目召开听证会;在听证会结束后的10天内形书面成听证报告,提交区人大常委会,并向社会公开,最终成为常委会初审意

---

① 徐佳. 中国参与式预算模式的比较及其完善 [J]. 北京财贸职业学院学报, 2011 (01): 20.
② 刘再杰, 李艳. 论中国参与式预算实践的经验与启示 [J]. 当代经济, 2011 (03): 08.

见提交政府"①。

第二,预算草案的审议。(1)每次人大会议之前,相关部门都要将细化到具体项目明细安排的预算方案,呈送到人大代表供其审查。(2)会议期间,财政局听取会议代表团的意见,现场答疑。(3)在审议期间,人大代表可联名提出修正案。(4)修正案表决通过后,政府再据此修改预算草案。

第三,预算监督。在人大会议闭会期间,由区级人大财经工委负责对本级预算和部门预算,进行预算执行情况的监督和考核工作,尤其是加大了对重大投资项目和民生项目的监督力度。在监督的同时,也组织专家学者对预算进行科学严谨的绩效评审。

二、闵行参与式预算的主要成效和评价

(一)闵行参与式预算的积极效果

闵行区参与式预算实践的基本特征,就是在以"结果为导向"的基本理念下,强化区级政府的公共财政建设,在改革形式层面,表现为区级人大强化了对政府预算编制中的审议监督职能;在改革内容层面,表现为财政收入和支出的更加透明和有效②,最为重要的特征就是,公民参与预算成为此次改革的重要组成部分。

闵行参与式预算实践模式,作为上升到直辖市区级层面的实践,在全国仅此一家,难能可贵。其在预算审查环节之前中加入了"预算公开听证"流程,为预算参与和预算审查提供了非常好的先行尝试。从某程度上来说,闵行参与式预算,已经基本具备我国公共预算改革的基本要求。

(二)闵行参与式预算的缺憾和不足

第一,预算参与度较低,公民认为公共预算与自身利益关联性不大,在闵行

---

① 胡肖华,蒋文龙,陈戈垠. 公共预算中公众参与模式比较研究[J]. 湘潭大学学报,2014(03):15.

② 刘再杰,李艳. 论中国参与式预算实践的经验与启示[J]. 当代经济,2011(03):08.

区流动人口比重较高,因其流动性太强决定了他们对预算参与权利不够重视;第二,预算公开的范围和广度有限,缺乏对普通公民开放的空间。人大代表缺乏多元性,不能代表更广泛的民众诉求。第三,公民预算参与的项目有限,公共预算是公共性并不单单是指预算资金必须花在公共服务上,还应该包含对公职人员的各种支出,所以应该将公民参与的预算项目拓宽,使之覆盖所有公共资金,而不应该仅仅局限于公共服务资金上。

第五节 我国主要参与式预算实践模式的评述

尽管参与式预算在我国已经成为一个改革亮点,但是其发展却仅仅局限在基层地方民主实践的范围内。如果仅仅局限在县乡一级基层政权的尝试探索,而不能通过自下而上的探索逐步推广到更高层级政权,就不可能将参与式预算在国家治理中的价值切实发挥出来,也无助于我国公共财政建设和公共预算体系的完善和发展。

一、我国参与式预算主要实践模式的共同点

目前,我国各个地方开展的参与式预算实践,在实践模式、运行机制和技术操作上,虽然各不相同,但是经过归纳梳理依然可以总结出其共同点。

(一)通过民众参与体现民意

当前,我国所有参与式预算实践,都普遍重视"民众参与、体现民意",这也是现代预算区别于传统预算的最大不同点。无论在温岭,还是哈尔滨、无锡,各地的参与式预算实践,均有效扩大了公民对预算项目参与的范围,也均有效扩大了参与主体的范围,使不同群体都可以有效表达其预算诉求。

温岭的参与式预算实践,是将基层民主恳谈与现有人大体制的有效对接,通过保障人大和人大代表的法定权力,加强了人大会议对地方公共预算的审查和监

督力度;在民主恳谈中,人大和人大代表也加强了与公民的联系,能够对公民的偏好和利益诉求有更全面和真实的了解①。无锡参与式预算实践,通过预算会议前的民意听取、群众推荐项目等形式,实现在预算草案编制钱的汇聚民意;通过预算审议过程中的公民监督和公开透明,实现了预算编制的科学化和民主化;通过预算会议闭会后的公民跟踪监督,实现对预算控制的有效性,也促使了预算执行的合规合法。焦作的参与式预算实践,是将本级政府组成部门的重大支出项目和事关民生等公共支出项目,通过分类排队并按照轻重缓急进行公示,然后再由公民、社会团体和专家学者等通过各种形式表达不同看法和意见,在对公共征集意见和诉求的整理后,形成部门预算编制的最初草案,然后经由听证质疑后形成预算方案,当然,最后还要经由财政局对部门预算方案进行专业方面的把关和评价。

(二) 吸收专家意见建议

我国基层各地的参与式预算实践,都非常重视发挥专家学者的作用,都强调通过专家学者的预算参与来实现预算工作的科学性和有效性。当然,各地实践模式吸收专家学者参与的形式,也是不一样的,比如温岭实践模式,强调在其人大财经小组和人大代表中吸收大量专业人士,并邀请专家学者对人大代表和普通公民进行预算基本知识和能力的培训;而在无锡、哈尔滨等地实践模式,则是强调通过专门聘请专家学者对其项目进行事前、事中和事后的审计和绩效评估。焦作实践模式中,组建了财政决策咨询委员会委员和专家库,并且重视专家对重点支出项目和重大资金安排的论证和意见表达。总而言之,专家学者等专业人士的意见建议,有助于公共财政预算的科学化和理性化,专家学者的加入有效弥补了普通民众和基层政府在公共预算专业知识方面的缺陷。

(三) 参与都是从最基层开始

当前,无论在温岭,还是哈尔滨、无锡,各地的参与式预算实践,均是从最

---

① 林敏. 参与式预算:分权治理与地方政府责任研究 [D]. 杭州:浙江大学,2011.

基层开始兴起和发展的。在基层实践参与式预算，即使在基层实践失败了，也不对国家大局产生太多影响。所以，在基层推进参与式预算实践时，来自于体制内的反对声音就会极少；越是高层推进参与式预算，就需要推进改革的勇气，因为反对的声音比较多。另外，我国的参与式预算首先在基层开始，也与基层的政权和财权情况有一定联系。首先在基层推进参与式预算实践，有助于我国的公共预算改革和国家治理转型在试点成功的基础上稳步推进[1]。

（四）激活并发挥基层人大权力

我国各地的参与式预算实践，普遍重视激活并发挥基层人大及其常委会的权力。虽然我国建立了一整套完整的人民代表大会制度，但是由于历史文化和国情的原因，其法律赋予的权力和责任一直没有得到切实的维护和发挥。在基层地区这一问题尤为突出。由于历史原因和体制机制的原因，我国的基层人大及其常委会的职能一直存在被虚化的境地，其职能和职责一直没有被充分行使。通过激活并发挥基层人大权利，可以促使基层人大及其常委会在政府预算和公共支出方面，有效行使其审批和监督权力。温岭市的参与式预算实践，突出了人大的作用，是我国第一起人大代表履行预算修正权的尝试，促使"职权虚化"的人大在预算审议过程中发挥更积极的作用，这是基于政治体制内部的改革，代表着我国公共财政建设的新方向，有助于我国政治体制的完善和国家治理现代化进程的实现[2]。闵行区人大财经委会负责对区财政预算的审议会议的具体工作，在2008年的人大三次会议上，该委员会通过把区政府财政预算细化为358页的预算详表，保障预算草案编制信息的全面性和真实性，也为人大代表和普通公民的知情权和参与权提供了翔实的基本数据信息。与此同时，为了保障人大和代表的充分履职，在该委员会也对审议时间进行了调整，采用了人大提前介入预算草案编制的措施。

（五）细化与公开预算信息

我国各地的参与式预算实践，普遍重视细化预算科目与公开预算信息。例

---

[1] 陈奕敏. 参与式预算的温岭模式[J]. 今日中国论坛，2008（05）：36.
[2] 林敏. 参与式预算：分权治理与地方政府责任研究[D]. 杭州：浙江大学，2011.

如，温岭实践模式，在预算材料中增加了详实的细化说明书，按照预算支出功能和经济性质，将各个支出细化为若干个子类。与新河镇预算初审民主恳谈的特征相比较而言，泽国参与式预算更加注重在预算编制细节和程序方面的规范。比如，设置商谈主持人制度；创新使用民意代表抽签分组制度；按照小组的优势，划分预算商谈的项目；强调民意代表与政府成员一样具有参与商讨的权力。

二、我国参与式预算主要实践模式的不同点

（一）目标或者理念的不同

温岭参与式实践模式的理念，一直注重以民主恳谈为核心，侧重于夯实基层人大会议和人大代表的权力，从人大监管的层面，实现人大代表的权力并吸纳公众参与，促使人大更好地发挥监督作用，促使人大代表更加深入地参与公共预算的决策、执行和监督的过程。哈尔滨和无锡参与式预算实践模式的理念，更加注重预算决策或者编制的民主，以及预算资金分配的透明化和公开化。与哈尔滨和无锡实践模式相比较而言，浦东参与式预算实践更加注重如何保障公众对基层财政的有效监督。

（二）参与方式的不同

温岭参与式实践模式的参与方式，强调人大对公共预算的组织工作和整体负责，参与预算的公众也必须由人大负责召集。然而在哈尔滨和无锡的参与式预算实践模式中，其参与方式比较注重参与主体其代表性的广泛化，期望通过来自不同社区或者村屯的代表，更加有效整合不同的声音、诉求和力量。在参与机制上，哈尔滨和无锡实践模式比较注重构建新的参与平台来整合不同类型的民意诉求，然而温岭实践模式是通过人大这一平台，整合体制外的民意与体制内的力量。

（三）参与范围广度不同

由于哈尔滨和无锡参与式预算实践模式构建新的参与平台，是在体制之外整

合不同类型的民意诉求，所以其平台力量尚不足以十分稳定，其预算参与的范围和深度较之人大平台而言尚且存在不足之处，其参与面基本局限在数量较小的部分预算资金。由于温岭参与式预算实践模式，在人大权力平台上发展而来的，其召集力和组织力都有体制机制的保障，所以其对公共预算的审议和监督方面的作用更加有效。

（四）改革动机的不同

在公共预算改革的最初动机上，浦东参与式预算实践模式侧重于对于预算项目和基层部门的绩效考核，由此引入公众评价和公众参与，来实现预算绩效与民意诉求的整合。至于，温岭参与式预算实践模式和其他实践模式，其最初的改革动机也大不相同，温岭实践在更多层面是为了应对政府执政无效的危机，而无锡和哈尔滨实践在更多层面源自于学术团队和中国发展基金会的推动。

表 5-7　　　　　　　　我国主要参与式预算实践模式的评述

共同点	民众参与体现民意	无论在温岭，还是哈尔滨、无锡，各地的参与式预算实践，均有效扩大了公民对预算项目参与的范围，也均有效扩大了参与主体的范围，使不同群体都可以有效表达其预算诉求
	吸收专家意见建议	都非常重视发挥专家学者的作用，都强调通过该专家学者的预算参与来实现预算工作的科学性和有效性。当然，各地实践模式吸收专家学者参与的形式，也是不一样的
	参与都是从基层开始的	均是从基层开始兴起和发展的。在基层实践参与式预算，即使在基层实践失败了，也不对国家大局产生太多影响。所以，在基层推进参与式预算实践时，来自于体制内的反对声音就会极少。越是高层推进参与式预算，就需要推进改革的勇气，因为反对的声音比较多
	均注重发挥基层人大作用	激活并发挥基层人大权利行，可以促使基层人大及其常委会在政府预算和公共支出方面，有效行使其审批和监督权力
	注重细化并公开预算	普遍重视细化与公开预算信息。例如，温岭实践模式，在预算材料中增加了详实的细化说明书，按照预算支出功能和经济性质，将各个支出细化为若干个子类。与新河镇预算初审民主恳谈的特征相比较而言，泽国参与式预算更加注重在预算编制细节和程序方面的规范。比如，设置商谈主持人制度；创新使用民意代表抽签分组制度；按照小组的优势，划分预算商谈的项目；强调民意代表与政府成员一样具有参与商讨的权力

续表

不同点	目标与理念的不同	温岭模式	一直注重以民主恳谈为核心，侧重于夯实基层人大的权力，从人大监管的层面，实现人大代表的充权并吸纳公众参与，促使人大更好地发挥监督作用，促使人大代表更加深入地参与政府预算的决策、执行和监督的过程
		焦作、哈尔滨和无锡实践模式	哈尔滨和无锡实践模式的理念，更加注重预算决策或者编制的民主，以及预算资金分配的透明化和公开化
		闵行模式	浦东实践更加注重如何保障公众对基层财政的有效监督
	参与方式的不同	温岭模式	温岭实践模式的参与方式，强调人大的组织和整体负责，参与预算的公众也必须由人大负责召集
		焦作、哈尔滨和无锡的实践模式	在焦作、哈尔滨和无锡的实践模式中，其参与方式比较注重参与主体其代表性的广泛化，期望通过来自不同社区或者村屯的代表，更加有效整合不同的声音、诉求和力量
	参与机制上的不同	温岭模式	在参与机制上，温岭实践模式是通过人大这一平台，整合体制外的民意与体制内的力量
		焦作、哈尔滨和无锡实践模式	比较注重构建新的参与平台来整合不同类型的民意诉求
	参与范围上的不同	温岭模式	突出优点：强化了参与对于绩效预算构建的作用，为人大对预算实质性审查提供了可操作的工具和手段，也便于进行政府绩效的监督和评估
		哈尔滨和无锡实践模式	由于哈尔滨和无锡实践模式构建新的参与平台，是在体制之外整合不同类型的民意诉求，所以其平台力量尚不足以十分稳定，其参与的范围和深度较之人大平台而言尚且存在不足之处，其参与面基本局限在数量较小的部分预算资金
	改革动机上的不同	温岭模式、焦作模式	温岭实践模式和焦作实践模式，其最初的改革动机也大不相同，在更多层面是为了应对政府无效的危机
		浦东模式	浦东实践模式侧重于对于预算项目和基层部门的绩效考核，由此引入公众评价和公众参与，来实现绩效与民意诉求的整合
		无锡哈尔滨模式	无锡和哈尔滨实践在更多层面源自于学术团队和中国发展基金会的推动

资料来源：来自本章节的研究分析。

第六节

我国参与式预算主要实践模式的意义及经验

尽管我国一些基层地方引进参与式预算的初衷,只是克服随意花钱、防控腐败、改进并完善基层治理结构、实现政务的阳光化、减少依法对抗事件等,但是,参与式预算通过引入公民参与,加强了对预算编制、审查和监督的公开透明化的控制,加强了预算作为约束机制的刚性,代表了当前公共财政预算改革的趋势和方向①。在我国基层政府转变执政理念、促进公共财政建设、激活人大作用、改进政府工作、推进民主政治进程等方面,都积极发挥了重要的作用。

一、我国参与式预算实践的积极意义

(一)提高国家与地方治理的能力和绩效

我国各地的参与式预算实践,通过设计并确立符合民意和宪法法律的规则和程序,并将地方公共预算的决策权力、执行权力和监督权力等重新调整并实现有效制衡,有助于地方公共产品和公共服务的有效提供,有助于干群关系的密切和社会的长治久安,是对建设服务型、法治型、责任型政府的有效回应。基层政府是与老百姓最近的公权机构,对老百姓利益与诉求的影响也最为直接。可以看出,参与式预算对公民参与权和表达权的引入,形成了公民偏好、预算资源和国家意志三者之间的新平衡,是对地方治理能力和绩效的有效提升②。

传统的国家治理模式具有比较强烈的精英主义特征,往往忽视普通民众参与,认为仅仅依靠政府自身的推动力量就可以实现善治,它往往过于依赖政策、

---

① O. Brien Kevin J. Rightful Resistance in Rural China [M]. Cambridge:Cambridge University Press. 2006:25.
② 王雍君. 公共预算管理 [M]. 北京:经济科学出版社,2010:125.

法律、管控和授权的推行，而忽视民众的不满和参与能力。但是，当前这种传统的治理模式已经受到了严重挑战，无论是在发达国家还是在发展中国家，传统的国家治理模式都难以继续推行。Matthew 和 Shah 强调，由公民和社会组织自己管理自己事务的这种自治，也是公民参与的潜在能力。在一定程度上说，公民参与引导着公民和公民社会的自治趋势。

（二）促进预算决策的科学化与民主化

在我国参与式预算实践中，公民和社会组织的广泛参与，尤其是专家学者的审议、监督和评价，为科学决策提供了非常有效的专业知识和信息服务支撑。参与带来信息流和需求导向，参与也带来了权力主体之间的制衡和协作，其参与主体广泛化和参与范围的深化，本身就是决策科学化和民主化的题中之意。所以，对参与式预算发展的精心设计，为公民预算决策的科学化与民主化提供了的崭新途径，也是民主政治在自下而上层面推行的重要内容。目前，我国基层部分地区的参与式预算实践，是对我国公共财政建设和公共预算科学化民主化能力的提升，具有十分重要的意义。

（三）强化了人大对政府预算的监督

在我国参与式预算实践中，强化了人大和人大代表对公共预算审议和监督的职权，也是当前我国部分地区参与式预算实践的重要作用。"预算改革永远无法仅仅停留在技术层面，作为预算政治层面改革的重要组成部分，参与式预算的推进与完善将为预算改革提供行动指南与改革方向，有助于人大充权，加强人大对政府预算的监督权"[①]。与此同时，参与式预算提升了公共资源配置管理水平，减少了公共预算编制和执行中的主观性、盲目性，增强了公共预算的绩效性和可持续性，促进了公共预算的公开、公正、透明度，更对公共预算体系的完善起到十分重要的作用。另外，我国参与式预算实践，还有效搭建了公众参与社会管理平台，促进解决了一批社会民生的热点问题和重要问题。

---

① 林敏，余丽生. 参与式预算影响地方政府公共支出结构的实证研究[J]. 财贸经济，2011（08）：15.

二、我国参与式预算实践的经验总结

（一）自主财力充足是预算改革有效的前提保障

从我国各地的实践经验来看，自主财力充足是公共预算改革和参与式预算改革深入推进的前提保障。保障财力充足是规避参与式预算风险，有效推进参与式预算发展的重要保障。实行参与式预算实践的一个重要条件，就是拥有充足的财政资金，只有如此，公共部门才能够以有效的财政灵活度和保障力，应对直接参与所带来的政策结果的不确定性和风险性。

如果政府财力不足甚至没有足够的财政资源来维系自身的运转，谈何有足够的财力来保障参与式预算实践的正常推进。在区域经济发达、财力资源充足的地区，公共财政资源可以更好地投入到公民利益诉求最紧迫的公共服务领域；而对那些欠发达地区来说，主要财政支出就来自上级的转移支付，公共财政无法顾及公民的诉求和偏好；所以说，在地区财力不足的情况下，即使有了参与式预算也无法保障预算参与的有效性，所以，在推进我国参与式预算改革中，政府必须要拥有足够的财政收入，来保证公民参与预算的顺利实施。

（二）制度化是改革实践的制度保障

我国各地参与式预算实践均注重制度化建设。人治具有随意性，法治才是长久之计。只有将推进参与式预算的意愿，以法律和制度的形式固定化和常态化，才能有效保障参与式预算实践的持续推进和持续发力。

如果每个地方的参与式预算实践，都仅仅是因为每个领导的个人改革意愿或者兴趣，那么这个预算改革就带有太多的随意性和不确定性，这个预算改革随时都有可能面临"人走茶凉、人走政息"的情况。在推进参与式预算实践中，如果因为保障机制的欠缺而导致参与主体之间角色定位的不足，必定不利于参与主体之间的角色分工，也不利于参与主体之间的权力制衡机制的完善。

（三）话语权是参与广度和深度的权力保障

在参与式预算的发展中，应该注重对公民话语权的保障。保障公民和社会组织的话语权，是维护参与式预算广度和深度的权力保障。在当前，由于我国民主政治建设的滞后和体制机制运作的惯性，以及公民自身权利意识和主体意识的淡薄，使得我国基层预算参与的主体缺乏广泛的代表性。我们可以大胆试想，如果没有话语权的保障，谈何有话语的表达，更谈何能够对预算参与有真实的意见和建议。

（四）公民和社会组织的素质是改革的效果保障

公民和社会组织的素质是公共预算改革的效果保障，这个素质，一方面是公民和社会组织的参与技能，也就是对于公共预算知识和能力的掌握；另一方面是指公民和社会组织的参与积极性。在参与技能方面，预算专业的问题，必须有专业人士来操刀，外行不可能对内行有真实的认知和评判。对公共预算这一极具科学性和专业性的工作，其编制和执行都涉及众多专业领域，并不是普通民众可以简单理解和审议监督的。如果看不懂公共预算，那你如何审议并监督公共预算，那你如何对公共预算编制、执行和监督提出有针对性的意见和建议？在参与积极性方面，来自公民的参与积极性，是参与式预算改革持续发展的源泉。如果离开普通公民的参与激情，任何改革实践都会缺乏生命力，在参与式预算改革中，这个道理仍然适用。

第六章

我国参与式预算实践的问题及原因研究

随着我国公共预算改革的持续推进和不断深入，参与式预算实践的价值和意义已经得到社会各界的广泛认可，其实践范围和实践成效已经取得了重大突破。但是，依然存在体制机制没有理顺、实践模式不到位、运作程序不规范、参与者角色认知不准确、公民权利保障不充分、公民自觉参与的责任意识不强烈等问题和不足之处。所以，对当前我国参与式预算存在的问题，及其深层原因的剖析，就显得尤为重要，具有十分重要的现实意义。有了危机不可怕，化危为机，就是参与式预算实践继续发展的机遇。当前，我国预算过程中存在的问题和不足，也就是公共预算自身改革完善的依据和方向。换言之，我国参与式预算实践中面临的技术性问题和体制机制问题，与其说是阻碍公共预算体系完善发展的障碍，不如说是推动我国参与式预算完善发展的起点。

第一节 我国参与式预算实践存在的问题

和其他先行公共预算实践国家一样，我国也存在一些阻碍公共预算发展的问题和不足。有些问题表现在基层官员身上，有些问题表现在公民层面，有些问题表现在模式设计层面，有些问题表现在体制机制的不完善上，还有些问题表现在社会政治生态环境层面。有些问题具有我国特色国情的影子，有些问题也具有国际参与式预算实践模式的共性特征。例如，预算参与质量不高，有效性和可持续性都不足；预算参与层次较低，开展层级较低，基层政府得不到上级的有力支持；开展数量少，实践探索区域较少；预算层级低，甚至仅仅局限在对具体项目问题的探讨。另外，在预算参与的主体、程序、流程、精细化管理和法制化建设等方面，也存在不少问题和不足，往往也忽视了对参与式预算实践的后续财政资源的培育，以及对预算绩效的评估和奖惩。

一、参与质量不高

我国参与式预算实践的几个典型模式，都尚存不足，如：主要局限在街道乡镇一级实施，主要仅在经济发达地区实施，参与项目及财政资金有限等。具体分析如下：

（一）参与的有效性不足

预算参与的有效性或者绩效性，一般是指在实践中能否实现既定目标或者被期望达到的效果，是一种对于期望目标实现程度的绩效评估。参与式预算的有效性，应该从两个方面进行考量：一是有哪些公民及社会组织参与其中了；二是参与者是否获得收益，甚至是否在参与中维护了自身利益，而这份收益和利益是否对其他参与者或者未参与者带来积极或者消极的影响。如果参与式预算无法有效地实现其潜在的价值，那么其推广的意义也就不存在了。在公共预算过程中，如果不能实现公共预算的预期目标，比如促进公共财政建设，地方治理，区域发展，管理绩效，社会公平，那么参与式预算就存在有效性不足。

基于有效性两个方面的分析，可以发现当前我国参与式预算的有效性存在严重不足。表现在如下几个方面：一是预算参与程序和机制的不完善，预算参与范围、广度和深度的不足，预算参与往往流于形式；二是预算绩效性较差，虽然在预算资金分配方面取得了明显的成效，也在一定程度上表达了一种民意，但还存在着明显缺憾和不足，大部分试点的公民参与预算并不是参与整个预算过程，而"只是在预算制定之前让公民参与项目的讨论，然而在预算制定后的执行和监督方面，却又将公民排除在外，也就是说，公民只对政府的部分钱该怎么花进行了象征性的讨论，而对于政府的这部分钱是否按计划花，是否取得了预期的效果却很难进行持续性的考量。不将参与具体化、深入化和长期化"①。

(二) 参与的可持续性不足

在目前看来，我国参与式预算的可持续性仍然不足。预算参与的可持续性，在一般意义上是指参与式预算在实践中能否实现自我发展和不因为外力的影响而打断原有的发展进程。如果参与式预算的发展是不可持续的，就会挫伤公民和社会组织的参与积极性，即使公民和社会组织有心向往，也会顾虑重重。如果预算参与的程序、模式和制度设计不足或不够充分，以及参与者的素质、能力和参与激情不足，那么参与式预算发展的可持续性，就会受到严重制约。

当前，我国参与式预算实践的可持续性不足，突出表现在如下三个方面：一是政府过于强势，甚至主导参与式预算改革的一切。在大众社会到来后的今天，政府参与强势，民众必然处于弱势，长此以往，政府的过于强势极易导致公民和公民团体对其方案不满意或不支持，从而不利于我国参与式预算的可持续发展。二是在参与模式和参与项目存在不足，如果仅仅是把无关痛痒的事物拿出来参与协商，而把涉及根本利益和百姓重大关切的事务高高挂起避而不谈，势必会导致公民参与积极性的日渐下降，也会使预算参与日渐成为形式和摆设，长期如此，必定会不利于参与式预算发展的可持续性。三是公民和社会组织的预算参与力度和作用仍然十分有限。公民和公民社会的能力不足，普遍缺乏民主运作的技能，普遍缺乏对公共预算知识的了解，甚至根本就不知道公共预算的重要性。

二、参与层次较低

(一) 开展的地区较少并且政府层级较低

目前，我国的参与式预算实践范围十分有限，突出表现在三个方面：第一，仅仅是在温岭、无锡、焦作、哈尔滨等几个城市有区域性的实践探索，尚未成为

---

① 晏东. 在合法性中累积有效性：地方参与式预算改革的温岭模式研究 [J]. 岭南学刊, 2013 (11)：15.

广大基层地区的普遍实践，在省级及以上的政府层面也没有任何相关的实践探索；第二，即使在上述实践城市，并不是普遍推广，也只是在为数不多的部门、街道或者社区展开；第三，东中部地区实践在推进，西部地区排除在潮流之外的现象。如果参与式预算只在低层级政权层面发展，势必对公共预算改革的全局性作用，有所影响。

（二）参与项目的层级较低仅仅限于具体项目

在我国，参与式预算实践仅仅局限在部分地区的部分领域的具体项目，是不合适的。参与式预算，应该作为一项制度性的预算安排，在国家治理的框架内发挥重要作用，必须不断拓展参与式预算实践的预算参与层次、范围和内容，并最终把整个公共预算纳入，使参与式预算成为讨论、协商、决策和监督公共财政和公共权力运行的重要制度。

当前，我国大部分地区的参与式预算，大多只是把公共建设项目作为讨论、协商、决策和监督的对象。从整个国家的治理和公共财政建设进程中来说，仅仅局限于具体项目，是远远不能解决现实问题的，也对公共财政预算改革的推进缺乏有力的支撑。虽然温岭市的参与式预算，已经向市县一级预算拓展，但在全国范围内来看，其他地区的公民预算参与往往只在街道和社区层面推行。另外，根据我国预算法的规定，乡镇街道并不是独立的预算主体，所以，从严格意义上讲，当前我国基层的大部分预算参与实践，并不是严格的国家公共预算决策过程，而仅仅属于对乡镇社区发展计划和具体项目的决策参与和执行监督[①]。

三、参与主体存在不足

我国参与式预算实践的兴起与发展，是需要公民、社会组织、政府、党委、人大等各方力量共同推进的。但是在当前的各地实践中，我们发现在参与主体和参与主体的作用发挥方面，仍然存在不少问题和不足。

---

① 张函梅. 参与式预算：公共预算改革的有效实施路径［D］. 广州：广州大学，2012.

（一）较强的政府主导

固然，政府应该成为预算编制、执行的主体，但是随着民主政治建设、公共财政建设的不断深入，以及国家治理的转型和治理能力的现代化进程，必然要求预算公开化、透明化、民主化和科学化。因此，各级政府需要转变公共预算编制、执行的理念，主动接受公民参与和监督。但是，长期以来，我国政府的公共财政预算一直被视为国家机密而不公开不协商，政府主导着公共预算工作的各个方面。在当前，我国大部分地方政府的这一习惯并没有改变，似乎这就是天经地义。

政府对于参与式预算实践的过于强势主导，会导致公民社会发育不足、政府不愿意自我革命、制度建设滞后、权力制衡体制难以确立等现象，因而会使公共预算改革出现停滞和倒退的风险。另外，如果谁是领导谁说了算，在一任领导离开后，没有制度保障的参与式预算实践，就会有被终止停工的风险；绝对的权力导致绝对的专权，如果任由政府权力无限膨胀，势必会导致公共预算改革的"一言堂"和"独断作风"，必然不利于参与式预算的完善和发展。

（二）缺乏非政府组织的参与

从国家治理转型和公共财政建设的发展趋势来看，公民和公民社会的作用将会越来越突出，这也是"以社会制约权力"的核心要素。从参与式预算实践的国际案例来看，各个国家一直注重发挥非政府组织和公民社会的作用，并制定制度加以强化执行，非政府组织和公民社会也一直在各国参与式预算实践中发挥着重要作用。但是，我国大部分基层地区的参与式预算实践，大多由基层政府主导和主持。公共预算本来就是制衡并规范政府执政行为的工具，如果政府能够自我革命，那何必还要进行公共预算改革和参与式预算实践？

（三）长期的人治传统影响

由于历史文化和体制机制的原因，在我国存在着根深蒂固的人治传统和人治思维，相比较于法治和法治思维，人治传统不利于国家治理的现代化和参与式预算改革的持续推进。如果各地的公共预算改革实践，均是由于个别领导者的远见卓识，而没有政治改革的整体谋划和宪法法律制度的保障，那么这种公共预算实践是不会长久发展和有效推进的。正如学者李凡所指出的：与中西部内陆地区的一些领导相比，浙江地方领导的执政理念是比较民主的，在政府与社会关系的处理方面比较看重"大社会小政府"建设，在公民与政府关系的处理方面比较看重基层民主发展的作用；但是即使如此，当面临干部人事调整的时候，很多好的想法和实践也往往被迫中止。"人走政息"现象在中国普遍存在，还是困扰中国地方政府创新可持续性的一个障碍。

（四）民众的参与激情不足

参与式预算实践，理应是一个各方互动参与的过程，尤其是需要政府与公民、公民社会的互动协商。如果公民和公民社会，对参与式预算实践不感兴趣，预算参与就失去了其生命力和约束力，也就没有继续推行的必要了。公民和公民社会对公共预算没有兴趣，或者说没有太多的参与激情，其最主要原因就是公共预算离公民和公民社会太远了。这也就说明，关于参与式预算的某些规定只是形式或者只是有关部门自圆其说的幌子，并不能给参与者尤其是普通参与者切实的利益维护和发展保障。在我国基层地区的参与式预算实践，由于基层公民的公民权利尚未觉醒，另外这些普通民众甚至还不可以称之为真正意义上的现代公民，这也导致了这些地区公民参与预算的激情不足。陈家刚与陈奕敏指出，新河参与式预算的广泛性和全面性不足，大部分公民和社会团体没有参与到公共预算的协商交流过程；在预算参与的主体方面，也多以社区村镇干部和基层精英人士为主。如果普通公民尤其是处于底层的弱势群体缺乏预算参与机会，那么预算参与主体对所有公民利益诉求的代表性就显得十分不足。

四、参与程序不规范

普遍存在着预算参与程序设计的不完整和不规范现象，有很多程序规则流于形式，有很多规则程序设计完后就不再关注是不是有效，有很多看似规范的程序其实都是被安排的。如果追问制度设计,那么最为严重的程序失误,就是把公民和公民组织的参与排除在公共预算的最后审议环节。从国际参与式预算实践的一般经验来看,规范的参与式预算要必然需要"整个过程从参与人员选定、讨论预算议题到监督预算执行和评估预算效果都有一套完整规范的程序和标准"[1],只有形成程序化和制度化的参与式预算模式,预算参与主体才能真正具有法律赋予的参与权和监督权。没有预算参与的程序化和制度化保障,任何参与主体对政府预算权力的监督,都难以达到预期效果[2]。

五、参与模式不完善

目前,我国各地的参与式预算实践,没有可以一致认可的比较完善的实践模式。各个先行实践的基层政府,因其预算参与实践兴起与发展的背景不同,以及地方的基本情况不一样,也必然导致各地的实践模式呈现出差异化的局限性。另外,参与式预算其自身所不可避免的局限性,也在各地实践特色中呈现出来。由此也就导致了我国各地的参与式预算实践模式,均在一定程度上存在不足。比如说,目前,我国参与式预算实践,首先是在东中部发达省份的基层兴起与推进的。这种实践特征,也体现出预算改革与经济社会发展要求是具有互相促进作用的。因此,对于西部或者某些不发达地区的吃饭财政来说,推行推广参与式预算的难度就比较大。

六、参与信息公开不足

我国各地的参与式预算实践,普遍存在公共财政信息公开不足的问题。在公共财政构建和公共预算改革的过程中,对公共财政信息公开也做了初步的尝试,但其结果不能尽如人意。在公共财政信息的完整性、规范性等方面严重不足,公

---

[1] 陈治. 论我国乡村治理中的参与式预算—价值、困境与法制化出路 [J]. 东北师大学报,2014(07):20.

[2] 同上。

开的财政信息也存在过于专业化和复杂化等问题，不容易被普通公民所理解所接受。某些基层政府有意选择公开项目，刻意回避关键信息，也有某些基层故意提供笼统的未整理前的数据，致使所公开的财政信息缺乏完整性和有效性。另外，在公共财政信息公开化方面，还存在不足，即使是对与公民和社会组织息息相关的信息资料，也需要履行严格的审批，致使有些信息公开活动流于形式；有很多基层政府热衷于信息公开，甚至专门开辟了政治信息公开栏，但是，我们发现大部分信息公开栏成了政绩宣传栏，很难找到公共财政信息的关键内容和重要数据。

第二节　我国参与式预算实践问题的原因剖析

当前，我国部分基层地区的参与式预算实践所存在的问题，可以从公民和公民社会层面、政府层面，以及相关体制机制层面，进行归纳和剖析。这些深层次原因的存在，既有预算参与的程序技术不到位层面的原因，也有对公共财政和公共预算参与认识不足层面的原因，还有政治、经济、社会、公共财政等体制机制层面的深层原因。

一、公民社会资本的供给不足

一个国家社会资本的供给程度，反映了这个国家所有成员遵守契约精神和公共理性的程度，也反映了所有成员对于国家的认可程度。在任何一个国家，社会资本都只是存在于社会互动关系之中，任何公民个体或者社会组织只有通过与社会的互动联系，公民个体才能成为社会资本的一分力量。社会资本，或者公民社会的成熟度，"不仅体现为公民政治成熟度，而且表现为人大代表的代表意识、公共管理者的包容能力和社会组织的热情"[①]。社会资本的供给，有助于提升国

---

① 刘斌. 我国公民有序政治参与研究［D］. 兰州：兰州大学，2010.

家治理体系的完善和治理能力的现代化,有助于推动公民社会自治和自发秩序的形成。

(一)公民参与意识的不足

在我国,由于历史传统、社会氛围、体制机制等众多方面的原因,我国公民和公民团体的权利意识和主体意识明显不足,普遍缺乏主动参与国家治理的积极性。民主素养或者民主意识不足,民主尚未成为公认的内在思维和行动依据。大多数公民通常会认为预算仅仅是政府事物,与老百姓并无瓜葛。很多公民,有"事不关己高高挂起"的想法,甚至不会对间接事关自身利益的预算问题进行主动关注。无论是公共预算资金的决策和分配,还是公共预算执行的监督和制约,似乎都与他们毫无关系。有些公民认为,"参与不参与"都无所谓,即使自己不参与,也会有人间接表达出自己的利益诉求;即使参与了,也不一定有效,甚至自己的投票只是微不足道的力量。在抱着这种心态的情况下,这些公民一般不会选择主动参与国家政治生活,也不会参与和自己利益相关的公共预算活动。整体来说,由于公民参与的权利意识和主体意识的缺失,参与式预算实践呈现出的参与和监督力度不足的问题,从而使得我国参与式预算的兴起与发展,非常欠缺公民社会这一肥沃土壤。

另外,现行宪法法律仅仅对公民依法纳税进行了规定,但在纳税人是否具有权利,具备什么样的权利,以及应该怎样保障权利方面,至今尚缺乏法律依据。即使在具体法律中,存在对纳税人权利和义务的简单规定,但是由于没有详细的专门法案,也导致了纳税人的权利维护在执行中存在困难。所以,当公民谈起纳税时,往往意味着公民对纳税义务的知晓,并不意味着已经"意识到公民有监督政府合理使用税收收入的权力,对其所交的税收该由谁来支配,以及如何支配"[①]。

在我国的参与式预算实践中,并没有给予参与者应该享有的权利。因为没有权利就没有民主,所以缺少权利支撑的预算参与机制,更容易演变成为某些

---

① 刘斌. 我国公民有序政治参与研究 [D]. 兰州:兰州大学,2010.

基层政府"表演秀、走过场"的工具和幌子。

(二) 参与者的禀赋和能力存在局限

参与者的禀赋和参与能力，直接决定着预算参与的质量。公共预算是一门专业性极强的科学和工作，即使是受过高等教育的人士，也难以在短时间内掌握其核心内容和关键技术。那么，对于非专业人士的人大代表和普通公民而言，在短时间内是不可能完全熟悉公共预算工作的，这就对参与式预算实践的科学性和绩效性提出了挑战。与此同时，由于公民权利意识、主体意识和理性精神的塑造，也不可能在短时间内一蹴而就。另外，考虑到人大会议和人大代表的任期制，新老人大代表之间的公共预算知识熟悉程度和参与能力，也是不一样的，新任人大代表的禀赋和能力也对参与式预算实践的科学性和绩效性提出了挑战。

对普通民众而言，熟悉并掌握公共财政的专业知识，并能在预算参与中有效运用，也是一件极具难度的事情。所以，必须加强对人大代表和普通公民的公共预算知识和能力的培训工作，使他们在公民参与的社会学校里获得知识和能力的提升，也获得公民权利意识和责任意识的熏陶。当然，这也需要相关部门做好对预算报表的细化和通俗化处理。如果说，"公民和人大代表没有能力探讨关于某项问题的协商和决策"和"因为自身原因对某项议题听不懂或者插不上话"，如果这一类的现象普遍存在，那么就可以说，由于公民和人大代表的禀赋和能力的局限所致，即使给了机会，他们也不可能发出自身的声音，也不可能表达自身的权利意识，更不可能对参与式预算的发展有任何推动和促进作用。

(三) 社会团体发展滞后

社会团体或者非政府组织，是公民的自发组织，是公民社会发育到成熟阶段的标志，也是维护公民权利促进社会结构优化的重要力量。一直以来，由于历史文化和体制机制的原因，我国的社会团体或者非政府组织一直发展滞后，即使发挥了某些作用，也远远没有达到国际上通行标准意义上的作用。当前，社会团体的预算参与一直不足，甚至在政府部门的预算参与组织时，也较少邀请社会团体的参与。一方面，公民社会发育不成熟，社会团体发育不足，数量较少，导致了社会团体的参与性不足；另一方面，在国家制度设计时，也较少考虑社会团体的作用，甚至也没有专门设计其权利表达机制。

试想参与式预算的兴起与发展，是一个涉及各方利益和诉求的系统工程，如果因为预算参与渠道的限制和参与能力的不足，而导致社会团体不能发挥其预算参与的作用，势必不利于参与式预算改革的整体推进和有序发展。

二、政府职责的"缺位"和"错位"

（一）政府主动接受公民监督的理念不够到位

"官本位思想"一直在我国盛行，其影响渗透至政治经济社会生活的方方面面，尤其是在地方基层政府层面更是严重，甚至把公共预算当成替民当家做主的私家账簿，甚至仅是唯上级领导意志而开展工作，领导要求怎么做那就怎么做，不会思考地区的可持续发展和老百姓的根本利益。

一直以来"政府认为公共预算是政府单方面的事情，理应政府说了算，政府很难做到将自己的切身利益主动放权交由公民监督；对于政府部门而言，大多数政府部门对预算的理解尚处于传统的范畴，认为政府预算乃国家机密，政府预算是否合理也不应放权由公众来讨论决定"[①]，另外，由于公共预算涉及政府部门的自身利益，也很难有哪个政府部门愿意自我革命，愿意把既得利益拱手让出。即使政府部门已经认识到公民参与的重要性，也不会在没有外力作用下主动接受公民监督。接受监督，让公共预算权力在阳光下运行，是对所有政府部门既得利益的挑战。

另外，即使是在服务型政府建设的今天，我国的很多基层政府部门和工作人员，仍然缺乏公共服务意识、法治意识和责任意识，或者说还比较淡薄，甚至还没有完全摆脱传统政府管理理念的束缚，甚至还没搞清楚"他们手中的权力是从何而来的，这个权力是不是具有公共性，是不是应该接受公民的参与和监督"[②]

---

① 江必新，肖国平．论公民的预算参与权及其实现 [J]．湖南大学学报，2012（05）：28．
② 同上。

等问题。

(二) 财政透明度比较低

公共财政透明度的高低，影响着预算参与的有效性和真实性。如果提供的公共财政信息不可靠、不准确、不全面，甚至不通俗，就有可能导致公民和人大代表对公共预算的不全面或者错误理解，甚至导致公民对公共预算的误解和谩骂。有关部门必须向公民和人大代表提供关于公共财政的结构和职能、政府收支的政策意向、预算账户的基本信息，并且还要保证信息的真实性和全面性。

当前，我国大部分地区的公共预算信息，都被冠之以"机密"字号，成为对外不公开不披露的内部信息。在国家统计局寥寥几页的中央预算信息公报中，我们很难找到全部的预算收入和支出项目的具体数字，甚至每年对地方的转移支付也从未公布过。如果公民和社会团体不能获得真实并且全面的关于公共预算的全部有效数据，那么公民和社会团体的预算参与和监督，何从谈起。在现代国家治理结构中，公民社会是制约政府的越位错位和不作为的第四权力，是对政府行为进行监督制衡的有效力量，这就要求政府必须对公民社会提供其运行的基本信息，使政府权力在阳光下运行，使公民社会能够有效地参与公共预算的决策、执行和监督。

(三) 政府预算部门的自由权力过大

毫无疑问，政府是公共预算编制、执行的主体，但是如果在公共预算权力的理解和运用中，政府部门和公职人员出现偏差和错位，势必会导致公共预算权力运用的失序和不当。当前，我国财政部门的公共预算权力过大，拥有太多的自由裁量权力。甚至还有很多预算部门为了规避监督而不在报告中列出细化的二级预算项目。众所周知，缺乏有效监督的权力极易导致部门利益和权力的膨胀，这必然会影响到我国公共财政建设和公共预算改革的进程。

(四) 预算编制的科学性不强

如果公共预算的编制本来就是科学的，既保障各个预算主体的利益诉求和偏好，也能保障公共预算执行的绩效性，那么，公民或者各个参与主体是否还需要参与公共预算呢？我认为，这是不需要的。也就是说，在绝对理性的前提下已经做出了十分科学的公共预算决策和执行，那么任何参与主体的参与都只会增加参与成本，而不会增加公共预算的整体福利函数。当然，绝对理性是不存在的，绝对的公共预算决策和执行的科学性也是不存在。我们只能无限的趋近于绝对理性和绝对科学。从国内外公共财政预算建设的经验表明，预算编制工作的科学性和全面性，是公共预算执行有力和监督有效的重要前提，也是参与式预算广泛吸引公民社会参与的一项基础性工作。我国的预算编制工作尽管已经有了长足进步，但是仍然存在一些问题。

比如说"支出编制与实际执行相差较大，其中主要的原因是各个办公室预算编制人员缺乏专业技术，尤其是缺乏工程项目专业人员，导致编制的道路、建筑等工程预算只是个概算"①。由于项目支出是预算审查和监督的最重要内容，因此在推进我国参与式预算实践中，必须高度重视增强公共预算编制的科学性，使其成为公共预算执行和监督的重要前提和基础。

（五）预算工作的技术性限制

由于公共预算编制工作本身的技术性和复杂性限制，致使参与式预算实践一直存在众多不被信任的争议，另外，也由于各国参与式预算实践机制的探索性和不完整性，导致了参与式预算赢取公民和公民社会支持方面依然欠缺影响力和亲和力。参与式预算不仅仅是一个简单的参与或者公开的财政问题，更涉及财政收支与预算分类、政府账户与预算科目设置、政府会计与报告系统以及现代信息与通讯技术在预算管理中应用的一系列问题，所有这些都具有极强的技术性限制。

在我国，由于参与式预算发展的先天不足和后天缺乏支持，阻碍了公民对预算参与的提升。一方面，公民尤其是普通公民对预算编制工作本身的技术性和复杂性，望而却步，致使不能对公共财政预算有一个充分的认识和理解。即使是被选的代表人士有心参与，也往往无力行使其权力，而对那些"非参与者民众由于

---

① 白晓荣. 我国公民参与预算的制约因素分析 [J]. 经济论坛, 2011 (05): 15.

与参与者民众并没有形成委托——代理关系,那么他们是否支持所确定的决策和目标安排也是不可预期的"①。另一方面,在对人大代表和普通参与公民的培训方面,也是需要时间慢慢培育的。预算知识和技能的提升,不是想干就能干的事情。受制于公共预算知识的专业性和复杂性,任何关于公共预算知识和预算参与能力的培训,都不可能一蹴而就。另外,由于需要大量时间去培训,必然因为时间成本的上升导致预算参与的无效执行。

三、相关体制机制的供给不足

(一)参与式预算的保障机制不够完善

在我国,温岭、焦作、闵行等基层政府的参与式预算实践只是一种个例探索和一种自愿改革,并未被纳入国家改革的整体议程,也不是我国公共财政建设的必须选项,更不是对基层政权的考核内容。所以,必然存在保障公民预算参与的机制具有不完整性和不完善性等问题,被纳入公民预算参与范围的项目数量相对较少,参与代表的广泛性也存在不足,甚至其是否可以具有代表性也存在质疑。

在很多地方,公民参与预算成为一些部门打着民主旗号,进行部门利益扩张或者谋取不法利益的手段。预算参与也往往被他们视为可有可无的形式。在推进参与式预算中,如果因为保障机制的欠缺而导致参与主体之间角色定位的不足,必定不利于参与主体之间的角色分工,也不利于参与主体之间的权力制衡机制的完善。

(二)参与式预算缺乏系统完备的法律体系作支撑

当前,我国部分基层政府的参与式预算实践,存在法律支撑体系不完善不健全的问题。对于公民预算参与权保障,也缺乏法律体系的规范和界定。在中央层面,至今尚未出台关于公民是否可以参与预算,以及如何参与预算的法律、法规或者规章制度。在较早进行参与式预算实践的浙江省温岭市,也仅仅是以市委文

---

① 颜运秋,余定祥.预决算民主的法治障碍及其克服[J].湖南科技大学学报,2011(07):20.

件的形式，对参与式预算在实践中涉及的问题进行了简单说明，如对议题、范围、程序、审议和监督等。

虽然我国宪法规定了公民享有参与权、选举权和被选举权，享有参与国家管理的权力。但是，并没有在具体操作层面，对公民参与预算的参与权利有任何界定和规范。也就是说，我国参与式预算实践，依然缺乏继续推进和深化改革的宪法依据。即使将宪法规定的公民参与权，作为尚方宝剑，也仍然需要行政法甚至部门法的有效支撑，事实上在这些法律层面也缺乏明确的支撑规定。另外，在我国的现行财税法领域，对于公民预算参与权的法律保障的规定，更显不足，甚至保障公民参与途径的规定缺失严重，救济渠道还不畅。

另外，1994 年的《预算法》，因为当时民主政治和财政体制的限制，并没有对公民的参与保障权利有足够的重视，没有规定公民对预算编制、执行和监督的途径，公民若想对预算进行诉求表达也只能通过人大代表进行间接参与。至于这种间接参与、间接民主，是否可行有效，也没有做出具体的规定。现行的《预算法》规定了人民代表大会对预算享有审批权和监督权等，但是从实际执行情况来看，这种规定大多流于形式。现行的《预算法》，主要内容是对预算编制和执行程序的规定，只是一部关于预算的编制法律，并没有将国家预算上升到宪政层面，"既缺乏公民参与预算的基本理念，也缺乏对参与权的明确规定"。在现行的《预算法》中，除了"关于人民代表大会作为国家权力机关对于预算审批和监督的内容可以视作对公民间接参与预算的规定外"①，再也找不到任何关于参与式预算或者公民预算参与的明文规定了。我国之前《预算法》对于公民预算参与权的几近失语，即使 2014 年《预算法》作了修改，其对公民的预算参与权的界定也是模棱两可，也依然不能有效地保障公民在公共预算改革中的应有作用。

另一重要缺乏就是法律救济渠道的不够通畅。众所周知，"无救济即无权利"，如果参与式预算实践，对公民和公民社会等参与各方没有有效的参与救济，就不会使参与各方享有真实有效的参与权利。根据《行政复议法》第 6 条和第 9

---

① 李炜光. 以参与式预算改革作为公共财政突破点 [EB/OL]. 爱思想，2009 - 10 - 09，http://www.aisixiang.com/data/detail.php? id = 25505.

条的规定,"行政复议的受案范围只限于具体行政行为,且相对方作为复议申请人必须与被申请复议的具体行政行为有直接利害关系"。那么,当公民预算参与权受到了侵害,如果按照现行的行政复议法,公民是没有资格获得相应救济的。原因很简单,公民利益虽然公共财政预算密切相关但是却没有直接的利害关系,因而当公民提起复议时,行政机关可以依据上面两条规定予以拒绝①。法律救济渠道的不够通畅,也是制约我国参与式预算实践发展的重要因素之一。

(三) 公共预算体系的支撑制度不健全

1. 公共预算欠缺问责机制

在制度设计上,我国公共预算的问责设计存在欠缺,公共预算编制和执行的权力也没有必要的问责设计,这是《预算法》制定和修改的缺陷,不利于我国公共预算编制的科学性和谨慎性。在代议制民主政体下,任何一个国家的政府预算若想获得正式的合法地位,成为具有法律性质的文件,都需要经过立法机构的认可和批准。在我国,政府预算的这一过程,是通过人民代表大会及其常委会的审议和批准来完成的。但是,我国的人大及代表由于众多原因的限制导致无法有效行使审议和监督权力,另外,人大代表的代表性和责任型也存在不足,这就很难保障人大及代表的职权的实现。预算问责,虽然只是一个制度设计问题,但是,如果缺乏或者执行不到位,就不利于公民社会和人大代表预算参与权的实现,预算的民主性和科学性就会严重不足。

2. 公共预算的监督机制不完善

按照宪法和相关法律的规定,我国的人大会议及其常委会具有预算审查和批准的权力。但是,我国现行的预算监督机制还不完善,存在不少缺憾。首先,人大及人大代表很难全面掌握预算基本信息,"各行政部门向人大提交的预算报告往往只有一份不甚详细的预算报告,人大代表在财政收支上与行政部门相比有着信息不对称的劣势"②;其次,人大预算监督机构的缺乏,作为预算监督机构,全国人大预算委员会是唯一的中央层面的监督机构,而在地方层面,这一监督职

---

① 颜运秋,余定祥. 预决算民主的法治障碍及其克服 [J]. 湖南科技大学学报,2011 (07):20.
② 杨航. 我国公共预算过程的公民参与性问题探讨研究 [J]. 现代交际,2010 (07):15.

责往往由财经委员会兼任。并没有专门的预算监督机构。由于人大监督机制的不完善和缺憾,决定了人大及代表对于预算的约束力匮乏,很难有充足的力量去执行预算监督职责。

(四) 人大会议权力的"虚化"

从深层的制度和体制层面来看,人大权力"虚化"和职责"落空",已经成为阻碍人大会议及其常委会对公共财政预算实施有效审批和监督的重要原因。长期以来,我国在公共财政建设中,一致致力于发挥人大及其常委会对预算权力的约束和监督,虽然不是成文的规定,但是已经成为惯性的思考标准。但是,在实际中,我们也发现政府官员和人大代表往往是难以分开的,甚至可以形象的表述为"左手和右手的关系"。如此一来,政府花钱人大监督,往往变成了"自己预算、自己执行、自己监督"的过场秀。

另外,部分人大代表忘记了"人大代表、代表人民"的本意,转而变成了某些特殊利益集团的代言人,这对人大会议的权威也是一个不小的挑战。由于在我国尚未建立起有效的"社会制约权力"机制,使得公民社会对政府权力的制约依然存在"敢怒而不敢言"的现实问题。

全国人大会议是我国的最高国家权力机关,但是人大这一法律地位却与其实际地位非常不符合,在基层地区,情况更为严重。第一,有关部门事先制定代表的现象十分普遍,尚未形成规范的人大代表推选机制。第二,很多人大代表本身就是政府官员,很难保障人大代表履职的独立性和合法性[①]。第三,有关部门向人大及其常委会提交的预算草案及相关文件,过于简单,既不全面也不简洁,甚至存在数据信息缺失的情况。如果,人大代表根据这些信息进行预算审议和表决,就存在事实上的悖论。第四,大多数人大代表不是预算专业人士,不具备公共预算问题的系统知识储备。另外,由于会议时间紧张,分工责任不明确等原因的存在,致使大部分人大代表不能在真正理解后做出选择,往往草率了事。

---

① 江必新,肖国平. 论公民的预算参与权及其实现 [J]. 湖南大学学报,2012 (05):28.

(五) 政治体制改革的滞后

我国参与式预算改革在小范围内说，是我国公共财政建设的组成部分。但是由于公共预算的复杂性和本身具有政治属性，也就决定了我国的参与式预算改革必须纳入政治体制改革的整体方案中进行推进，或者说，参与式预算改革本身就是政治体制改革的重要组成部分。从理论上讲，最有效的监督和制衡就是使政府面临着在下一年选举失去选票的危险。但是做到这一点，在目前的我国恐怕还很难实现。虽然全国普遍在村一级实现了直接选举，但这种选举并未相应地在乡镇政府中实行。乡镇人大虽然赋有选举乡镇领导者的职权，但候选人的产生一般都是根据上级党委政府的意图安排的，人大的选举只是一个程序。另外，相比较于经济体制改革的有效推进，我国民主政治建设一直比较滞后，在政治体制改革层面也存在很多现实问题。因此，我国部分基层地区的参与式预算实践，是对现在政治体制改革滞后这一问题的一种挑战。

第七章

构建我国参与式预算的思路、原则和机制

国内外实践的经验已经表明,参与式预算是国家治理的重要工具和国家治理现代化转型的重要实现方式,是公共财政建设的重要组成部分,因此有必要在我国大力提倡并继续推广参与式预算。但是,合理的实践和制度在执行中未必是可行和有效的,因为现实是复杂的,实践是系统的,改革也绝不是"想推进就能推进的"。也就是说,参与式预算在理论和经验层面的价值和意义,并不能保证参与式预算在世界上任何地方的发展和完善都是顺利的。即使是成功的国内外参与式预算实践,也要面临着克服体制性障碍、构建社会舆论氛围、协调不同利益团体和如何向着更好方向继续改革的挑战。一个务实有效的改革方案,必须需要全面考虑国情与时机、成本与效益,以及制度创新中的风险因素。所以,推进我国参与式预算的发展和完善,迫切需要在社会文化系统、经济体制机制和政治行政制度之间构筑最佳的平衡点,迫切需要科学、合理和可行的基本思路、发展原则和运行机制。

第一节 构建我国参与式预算的基本思路和原则

一、构建我国参与式预算的基本思路

基于基本国情的差异和公共财政改革的现状,我国参与式预算若要进一步发展和完善,必须需要进行科学的总结思考和系统的整体设计。思路是改革的先

导，对于我国参与式预算构建基本思路的明确，有助于我国公共预算改革的完善，这也是推进我国参与式预算改革的重要环节。参与式预算发展和完善并不是孤立进行的，必须纳入到公共预算改革和国家治理转型中去。也就是说，只有把参与式预算纳入公共预算改革和国家治理转型的整体进程中，进行统筹考虑和协同发展，其发展和完善才是切实可行的。

（一）上下结合

如何在存量改革的基础上，利用好我国当前既有体制机制的资源和优势，或者说是在不触动大的政治和宪法法律框架变动的前提下，有效推动参与式预算在我国地方基层政府的发展和完善，一直是困扰我国国家治理、公共财政建设和公共预算改革的一个关键问题。从参与式预算实践的适用层级看来，自20世纪80年代以来我国的公共预算改革一直在使用两种路径在同时探索，那就是自下而上和自上而下[①]。从世界各国参与式预算改革的实践来看，其预算参与的政府层级问题也一直困扰着各国政府。但是，现在可以明确的是，大多数国家只是将参与式预算应用到其"次中央政府级"的层面。

对我国的参与式预算实践而言，无论是选择自上而下，还是选择自下而上，都需要慎重考虑，因为只有选择好恰当的实践层级，才能实现"上"与"下"二者的有机融合互动，这是推进参与式预算改革前需要关注的重点问题。不管是自上而下的中央推动下的部门预算改革，还是自下而上的兴起于基层政府的公民预算参与，其实都是对公共财政预算实践的有效探索，在作用意义上这二者并无分量大小的不同，只是实践角色和路径方式的差异。公共财政预算的层级越高，预算的规模就会越大，预算所要涉及的公共领域和公共事物也就会越多，预算编制、执行和监督过程中遇到的问题也就会更加复杂，甚至可以说任何一笔预算收支的影响也就会更加强大。在这种情况下，层级越高的公共预算改革就需要更多的应对措施，也需要更高的公民素养来与之匹配。如果参与式预算实践的层级比较高，"参与其中的普通民意代表，就有可能因为无法理解专业性和复杂性的预算内容，而导致他们无

---

① 马蔡琛，李红梅. 参与式预算在中国现实问题与未来选择[J]. 经济与管理研究，2009（12）：75.

法做出正确的决策,这对预算决策的理性化和合理化造成妨碍,使得参与式预算实施的过程效率低下,成本过高"。但是,如果仅仅在基层政府层面停滞不前,也不利于参与式预算价值的发挥。参与式预算应该是推动我国预算民主化和国家治理转型的重要工具,其中作用的发挥就在于它自下而上的逐级带动①。

综合"自上而下"和"自下而上"的两种预算改革路径,可通过"自上而下"的推动和"自下而上"的参与相结合的方式,推动我国的参与式预算改革,既需要国家权力在中央层面对参与式预算发展和完善进行顶层设计,也需要公民和基层政权在底层对参与式预算发展和完善进行探索式推动。不过基于国情、现实需要和参与式预算自身规律,当前我国参与式预算的发展和完善,还是建议从县以下基层政权中进行探索性实践。

(二) 试点推广

公共预算肩负着国家资源配置、收入分配,以及宏观调控的重要职责,只有采用"先试点做法后推广经验"的办法,才能使公共预算改革尤其是重大预算改革的推进,既有序也稳当,还能有效防范政治风险。这也是国内外主要国家在推进重大改革时普遍采用的方法。换句话说,在局部地区的参与式预算试点,有助于取得经验总结教训,有助于检验一些不确定的模式标准和流程规则,还有助于公共预算改革共识的达成。由此可见,关于公共财政预算的公民参与改革的推进,应该选择在基层政权试点推进,等到模式成熟和经验丰富后,再逐步向上一级政权试点推广。

另外,参与式预算实践,至今尚未有适合各国的最低标准的普遍认可的模式界定,不可以采用"千篇一律"和"一刀切"的推广模式,必须因地制宜,区别对待,寻找适合国情和地域情况的恰当模式予以推广。由于我国政体区别于西方多党制政体,那么我国的参与式预算实践,也必须区别于西方参与模式的政治多元化模式,必须坚持先试点后推广的渐进改革思路,合理利用体制内蕴藏的丰富的制度资源,在试错中不断发展并完善,进而切实推进我国公共预算改革和参

---

① 杨国斌. 国外参与式预算实践启示与经验借鉴 [J]. 广播电视大学学报, 2011 (04): 28.

与式预算实践的"特色化"。

(三) 形成合力

我国的参与式预算实践若想在更大舞台上发挥更加积极的作用,"除了要在理念、配套资金、契约设计及制度环境等环节上下功夫外,最重要的还是要争取在中央层面的支持"。尤其是明确的宪法法律保障,"与国家的财政体制相挂钩,否则这样孤单单的地方试验很难维持下去"[①]。这就迫切地需要形成推进参与式预算改革的合力,形成公民与国家、公民与公民、公民与公民团体、国家各组织部门,以及各个利益阶层之间的默契和共同诉求,以此打造推动公共预算改革和参与式预算实践的强大合力。参与式预算若是作为现代国家治理的重要制度而存在,就不能仅仅运用在基层政权的局部预算实践上,也不能仅仅运用在简单的基础建设和具体项目的协商上,而是应该系统谋划政府的全部公共财政预算项目,在财政收入特别是税源建设层面也加入公民参与,这也是参与式预算兴起与发展的"合力"要求。

(四) 思路框架

在我国推进并完善参与式预算改革,必须进行整体的系统的谋划,也必须构建起有效的支撑条件和制度架构。

表7-1　　　　　　　　构建我国参与式预算的影响要素

要素	内容
宏观环境	1. 各方力量（党委的高度重视、人大会议的预算权力强化、政府的主动配合、人大代表的职责履行、公民社会的成熟和参与激情等） 2. 经济社会以及历史文化 3. 基层自治的推进并完善
运行机制	1. 建立健全制度,增强参与式预算的可行性（适时出台参与式预算发展和完善的指导意见、建立健全相关制度体系、完善参与式预算运行的各个环节） 2. 创新参与形式,增强参与式预算的有效性（推进参与式预算发展的相关技术性变革、拓宽参与渠道、建立专家咨询机制、增加战略规划项目）

---

① 王雍君. 参与式预算:逻辑基础与前景展望 [J]. 经济社会体制比较,2010 (3):115.

续表

要素	内容
配套改革	1. 打造参与式预算实践的法治环境（完善保障预算参与的法治环境、建议出台《公民参与法》和《国家信息公开法》、增强预算参与的法律救济） 2. 推进公共财政和公共预算改革（深化财政分权制度改革、保障自主财力的充足、提高公共财政的透明度） 3. 推进国家治理体系和能力的转型和完善（推进民主政治建设进程、完善现行政治行政体制、构建可持续的政治生态）

思路结构图如图7-1所示。

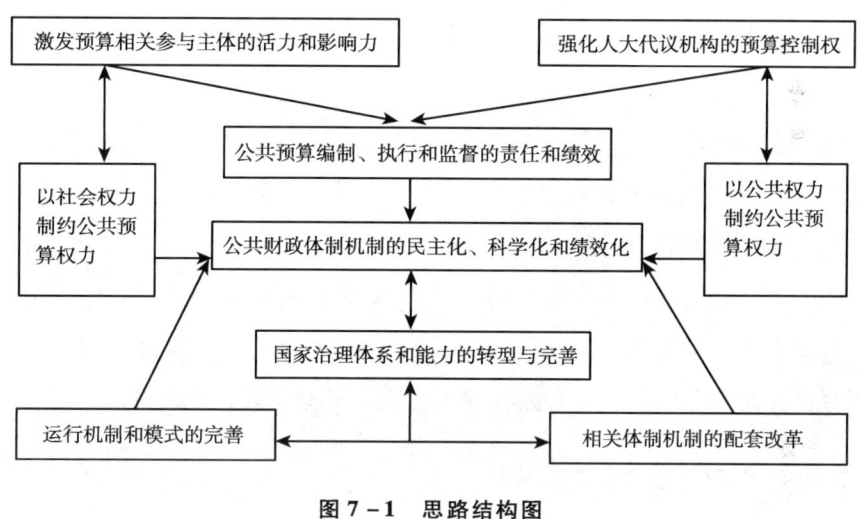

图7-1 思路结构图

二、构建我国参与式预算的发展原则

（一）立足我国国情因地制宜

因为历史文化传统、政治经济体制、公民社会发育程度等因素的不同，各国的参与式预算实践各不相同，在参与式预算发源地巴西，其国内180多个实践城市的模式也是不一样的。我国基层地方的参与式预算实践，也是各不相同，甚至各自兴起和发展的理论依据和现实基础也都相差甚远。欧美国家的预算参与或者参与式预算，是在欧美国家既有代议制民主制度的基础上酝酿形成的，强调普通公民和社会团体对于公共预算的参与性，其主要作用有两个方面：一是有效应对了社会多元化发展的挑战和要求，对不同公民偏好的差异性进行了协商应对；二是积极应对公民社会发展后的公民权利诉求，在一定程度上用参与和协商的手段，缓和了公民与决策层的隔阂与矛盾，促进了公共治理的民主化进程。

国情的差异决定了参与式预算实践发展道路的不同，对于国外成功经验的借鉴是必不可少的，但是不能简单照搬，必须系统总结其利弊和实践条件，对其兴起背景、体制机制和经济社会等方面的综合因素进行系统调查。简单地移植国外某些成功案例的经验，显然是不合适的，拿来主义的照搬照抄，一定会"橘生淮北则为枳"。同样的道理，如果简单地复制国内某些地方的经验和模式，也是不合适的，一定也会存在水土不服的问题。

因此，我国的参与式预算实践，必须因地制宜，寻找适合各地情况和我国国情的道路和模式。我国幅员辽阔，区域经济发展不平衡，地区之间的文化差异很大，各地区的财力悬殊，这种区域情况的差异，也决定各地区选择发展道路的差异性。在我国西部欠发达地区，政府财力一直紧张，基本依赖于上级政府的转移支付，政府财力难以支撑本地区基本公共服务。在这种情况下，如果西部地区进行参与式预算的探索，其实践模式和路径就不能完全照搬走东部地区的。

（二）直接民主与间接民主互补

直接民主与间接民主之间并不完全存在对立统一的关系，就代议制民主而言，民意代表若是能够完全代表普通选民的利益，不存在委托代理上的任何不足和问题，那么民意代表与委托公民之间就不会存在意愿与诉求上的任何对接缺口。但是，这种推理在实际上是不会存在的。

通过第二章和第三章的分析，我们可以得出参与式预算的公民参与，并不是对传统代议制选举的替代，而是与代议制民主制一起对现有民主模式进行补充和完善。在当前瞬息万变的信息时代，公共事物的日趋复杂和瞬间万变的特征，对传统的国家治理模式提出了挑战，"不可能再完全采用古雅典式的直接民主形式。代议制通过选民行使投票权，选出具有一定专业知识、技能的官僚执掌公权力对公共事务进行管理，有利于提高效率，降低管理成本，并能保证大部分决策的理性化。虽然代议制的安排降低了公民对公共事务的参与度，使公民的参与权遭到削弱，但是这也是目前现代大规模社会治理的唯一选择"。

目前，随着国家治理理念的深化和民主政治建设的推进，参与式民主及其内含的理念，已经被各国政府所认可并提倡。但是，公共预算的专业性、复杂性，以及预算"牵一发而动全身"的敏感性，决定了预算民主和预算参与并不是一个简单的过程，更需要系统的谋划和精心的打造。"一方面政府无法放开手让公民彻底参与其中，另一方面因其专业门槛较高，也使许多民众对参与，可以说是望尘莫及"[①]。

更为重要的是，我国仍然是发展中国家，如果事无大小，均要通过直接民主的方式来表决，也是我国的财力基础所不能允许的。所以说，直接民主和间接民主各有利弊，都应该是我国的国家治理和民主政治建设的重要内容，不应该有偏废，厚此薄彼。那么，在我国参与式预算实践中，对直接民主和间接民主都要灵活运用，最好是建立直接民主和间接民主这两者互相补充和互相促进的体制机制。也就是说，在继续完善我国代议制人民代表大会制度的同时，也需要积极吸收公民直接参与，扩大直接民主对代议制民主的有效补充。这两种民主的互相补充和互相促进，有助于提高我国参与式预算实践质量和效率的提升。

第二节　构建我国参与式预算的运行机制

任何公共预算改革的顺利实现，绝对不是在理想中想象出来的，都是在实践的碰撞和矛盾中不断进行调整和完善的过程。这就需要比较科学的参与主体配合机制、健全的制度体系和规范的运作流程等因素来保障实施。因此，必须结合国内外参与式预算实践中遇到的经验和教训，打造出适合我国国情和现实需要的恰当的参与式预算模式和运行机制，使我国参与式预算结束"萌芽"步入发展、完善和成熟阶段。因此，必须按照参与式预算实践的内涵机理、发展原则和改革

---

① 陈家刚. 参与式预算的兴起与发展 [N]. 学习时报, 2007, 01 (29): 8.

趋势，从参与式预算改革目标、方向、思路、原则等方面的系统设计，推进并完善我国的参与式预算实践。健全制度是任何改革成功与否的基础和保障，完善并推进我国参与式预算实践，必须要健全体制机制，只有将各种实践探索有效地纳入到制度规范的范围内，才能保障实践运作的长久性和可持续性。否则，公共预算改革必定会因为缺乏制度基础而不具备发展的长期性和稳定性。

表7-2 参与式预算在不同推进时期的发展重点以及效果评价

参与时期	内容
参与式预算的准备阶段	各个参与主体的参与能力和积极性；执政党的高度重视；适时出台参与式预算改革的指导意见；相应运行机制设计是否完备
参与式预算的开始阶段	各方是否形成合力，能否对预算决策、执行和监督产生真正作用。代议制机构——强化人大及其代表的预算权力；政府的主动配合，执政理念的转变和服务型政府建设；人大代表的职责履行；公民的广泛参与；形成参与主体多元化的协同治理
参与式预算的深化阶段	各方的诉求和利益偏好是否已经成为预算合法性和绩效性的依据。逐步扩大参与范围；明确参与阶段；拓展参与方式；推行预算公开；严肃预算审批
参与式预算的评议和监督阶段	规范预算执行；推行决算公开；强化预算监督；完善参与式预算各个环节，推进参与式预算的可行性

一、参与式预算的准备阶段

（一）执政党高度重视

参与式预算作为一项创新的公共预算实践模式，其兴起与发展必然需要开明的政治家和其他决策者具有推进改革的坚定意志。国内外参与式预算实践的经验与教训表明，最高公共权力掌握者（在我国，一般是指各级党委）的高度重视，是各国参与式预算实践成功与否的关键因素。譬如说，温岭参与式预算的兴起与发展，并不仅仅是公民的要求与呼吁，最为主要的原因是温岭市委和市政府的重视与支持。提高公众参与公共预算的方式与手段，是各国民主政治建设的题中之意。因此，我国的参与式预算改革，也应该在各级党委的领导下有序推进。各级党委、政府要深刻认识到，参与式预算是国家治理体系和治理能力现代化建设的重要组成部分，必须积极支持和创造条件，来保障参与式预算改革的实施和完善。

（二）适时出台参与式预算改革的指导性意见和操作指南

由于参与式预算改革是一种创新，目前还不能在国家有关法律法规中找到依据，加之这项改革还处于探索初始阶段，还不一定能得到国家宪法法律的认可。为了增强我国参与式预算改革的严肃性和权威性，县市级甚至省级政府或者相关部门可以考虑研究出台参与式预算改革的指导性意见和操作指南，包括编制流程、编制内容、编制依据、文本格式、预测技术等，从而保障参与式预算在各地推广和完善的规范性和科学性，为我国基层政府推进参与式预算改革提供依据和指导。在县级层面，县人大常委会要加强与政府的衔接、沟通，在深入调研的基础上，出台实施参与式预算改革的具体举措，重在规范引导。在乡镇一级，可以根据上级要求，结合本地实际，将原则性规定进一步具体化、可操作化，并以制度规章的形式固定下来，积极将参与式预算改革纳入规范化、制度化和法制化的发展轨道。

（三）建立参与式预算启动制度

将每年参与式预算启动的程序以制度形式规定下来，减少实施参与式预算在实践中可能会出现的随意性和不确定性。

第一，把公民参与作为公共预算安排的必经程序。如规定各级政权在每年人代会前一定时间内，必须启动实施预算初审的民主恳谈；在每年公共预算确定前多长时间，必须召开公共预算编制的公民参与；部门预算民主恳谈，必须在人代会前多长时间召开，等等。通过程序化的制度安排，才可以保证参与式预算不会由于任何个人的意志和力量，发生改变甚至随意的终止。

第二，规范并确定好预算组织者、日期、具体时间、参与方式、参与主题等内容，以及年终预算执行民主恳谈要不要开展、什么时候开展、怎么开展等也要进行一一规范。通过规范化的制度安排，形成推进发展的确定预期，进而保障预算决策的有序，以及公共预算执行的有效性和合规性。

第三，中央层面应该发出支持参与式预算发展和完善的确切信号，让地方政府在改革中获得更多的支持力量；并对参与式预算这一创新的公共预算和国家治理方式给予表彰和宣传,让更多的观望者能甩开膀子进行探索;在领导干部的考核方面,应该把领导干部的治理创新作为一项重要指标,从而可以鼓励更多的基层政府有推进公共预算改革和参与式预算发展的动力与激情[①]。

第四,在不同时期推进参与式预算发展的重点工作以及效果评价。在参与式预算推进的准备期,应重在调动各个参与主体的参与能力和积极性,以及对相应运行机制进行设计和完善;在参与式预算推进的发展期,各方是否形成合力,能否对预算决策、执行和监督产生真正作用;在参与式预算推进的成熟期,各方的诉求和利益偏好是否已经成为预算合法性和绩效性的依据。

二、参与式预算的开始阶段

(一) 强化人大及其代表的预算权力

我国的人民代表大会制度是代议制民主制度的一种重要形式。在我国参与式预算的推进中,需要加强制度性保障条件建设,应当以宪法法律形式保障人大及其常委会在预算编制中的审议权、执行中的参与权和监督中的主导权;应当以法律形式保障人大及其常委会明确人大与财政部门在公共财政预算的角色定位。

参与式预算实践有助于弥补代议制民主下"财政议会主义"模式对于预算监督的不足,当然这只是对代议制的补充而不是替代。不能将实现财政法治、预算民主的全部希望都寄于公众参与之上。就参与式预算促进公共预算改革和国家治理这一价值而言,参与式预算应该成为地方政府治理转型和人大会议制度完善的契机。与发达国家相比,我国立法机关的权力和作用比较弱,因此,在当前的参与式预算实践中,通过公民和公民社会的直接参与的力量,可以有效弥补代议制民主制的缺陷和不足,可以有效促进人民代表会议的正常履职和不断完善。

国内外实践经验表明,行政权力主导的财政预算模式,在当前已经不是公共财政和公共预算发展的趋势,更不是公共财政改革的方向。温岭等地的参与式预算,是由人民代表大会发起和组织实施的,人民代表大会是联系公民和政府的桥

---

① 马骏. 中国预算改革的政治学:成就与困惑 [J]. 中山大学学报,2007 (05):36.

梁,在参与式预算实践中发挥着关键作用。既然在我国基层各地的参与式预算实践,加强了人大作用和权力,由此也形成了对政府权力制衡的新权力结构。那么,在参与式预算中就应该对人大的公共预算权力进行强化。

1. 巩固人民代表大会的权力机关地位

通过巩固全国人民代表大会在国家权力体系中的最高地位,能够有效保障人大和人大代表在预算参与的审议权和监督权。我国基层地区参与式预算实践的成功经验,就是一定要注重发挥体制内平台尤其是人大会议的作用。参与式预算有了人大的支撑,才能具有发展的基础和平台;与此同时,人大和人大代表有了预算参与权,才能成为"名副其实"的民意代表者。因此,人民代表大会制度与参与式预算的有机结合,是我国参与式预算逐渐走向权威性、有效性和可持续性的重要保障,也是我国人民代表大会制度完善和发展的题中之意。

虽然我国建立了一整套完整的人民代表大会制度,但是由于历史文化和国情的原因,其法律赋予的权力和责任一直没有得到切实的维护和发挥。在基层地区这一问题尤为突出,比如说,"按照国家法律规定,各级人大应该是预算审议和监督的主体,但是在现实中,几乎所有人大会议都成了一种走过场的形式,甚至仅仅是预算获取合法地位的橡皮图章"[1]。随着国家治理的转型和公共财政建设的推进,以及公民权利意识的日渐觉醒,社会各界对公共财政预算问题的关注也会越来越多,那么虚化的人大会议是否能够承担起这一责任?因此,在推进参与式预算发展中,必须加强和巩固人民代表大会作为权力机关的地位。

2. 完善人大代表的选举机制

当前,在我国的很多基层地方,人大代表的产生程序不规范、不符合宪法规定,甚至有些地方的人大代表不是选举出来的,而是被指定担任的。如果不是由民众选举产生的,那么这些人大代表是不会真正代表民意的。由此可见,提升我国参与式预算发展和完善的有效性和可持续性,就必须完善并改革各级人大代表的提名和选举机制,依照平等、公开、公正的原则,让公民推选真正代表民众利益的人大代表。只有人大代表是完全民选的,地方人大才能在参与式预算实践中

---

[1] 蒋雪峰.参与式预算制度设计与人大作用发挥[J].地方财政研究,2011(09):15.

更加具有权威性和监督性,也才能切实增强地方人大的自身合法性。

3. 加强人大预算审议和监督权力

只有人大能够切实发挥好审议和监督的职责,参与式预算的价值才能切实发挥。通过对人大预算审议和监督权力的强化,可以有效强化人大在参与式预算中的控制力和影响力。温岭等地参与式预算实践的成功经验之一,就是通过将民主恳谈与人大的有效衔接,加强了人大在预算编制过程的审议权力和监督权力,这也是将参与式预算导入人大制度的有效尝试。具体表现在:增加人大开会的会期和会议次数,克服以往人大只能在"年会"上履职的问题(在我国基层人大没有常设机构);增设主席团和财经专业小组,对政府预算执行进行常态化监督;发挥公民的监督作用,监督并制约预算不严肃和随意花钱等行为。

因此,在推进我国参与式预算发展中,需要有效强化人大及其常委会的预算审议和监督的权力,保障人大的宪法所赋予的职责和权力,能够得到切实的维护和发挥。比如,保障人大工作的独立性;在县级人大增设预算专门委员会;在市级层面增设人大财经工作委员会,并赋予其对县级预算的监督和审查权力[①]。除此之外,还有督促预算项目的细化和通俗化,部门预算的科学化和完备化的权力,以及使用预算全过程审计的权力。

(二) 政府的主动配合

参与式预算的目的就是促使公共预算决策和执行更加科学、更加符合实际,因此,政府必须主动配合,以确保参与式预算改革顺利实现。

1. 转变政府执政理念

政府的权力来自公民和公民社会的让渡,是基于公民授权的一种委托代理关系。除了对于公民和公民社会权利的维护,政府不应该干预公民和公民社会的任何合法权益和自由。那么,在公共预算改革中,政府也必须要秉持服务理念和责任理念。第一,积极服务公民对于预算参与的诉求,关注公民的利益表达和不同呼声,并在预算草案的编制中体现公民的意志,在预算审议中增加公民和公民社

---

① 马蔡琛,李红梅. 参与式预算在中国现实问题与未来选择[J]. 经济与管理研究,2009(12):75.

会的参与权，在预算执行中强化公民的监督权。也就是说，预算涉及利益的调整，谁的利益牵扯最多，谁的呼声就应该得到最广泛地听取，尤其是对那些弱势群体，更要给他们创造预算参与和表达诉求的机会。第二，不高高在上，更加亲民，能够以普通公民的视角思考公共预算改革中的问题，同时也要积极设计更通俗化、平民化的预算参与渠道和方式，防止过于精英主义带来的社会阶层隔膜，使普通公民也有机会表达自己的预算诉求和行使自己的预算参与权力。第三，要有提高政府决策效率的理念，责任在肩就要勇于担当。政府代理公民的权力行使，就必须要积极作为，不能没有效率。

2. 建设服务型政府

服务型政府是在政府执政理念转变的基础上，对于公民和公民社会权利的进一步维护和保障，其主要理念就是对经济发展、国家治理和公共服务中更加保障和改善民生。通过上面几章对参与式预算理论与实践的剖析，我们知道参与式预算改革的核心价值和基本目标是通过预算资源的科学和民主的配置，为公民和公民提供更加公平和有效的服务。在目标层面，参与式预算与服务型政府的构建是一致的。

因此，在推进我国的参与式预算改革实践中，必须积极建设服务型政府。通过政府服务能力、服务理念和服务环境的改善，为参与式预算改革的推进提供一个良好的改革环境。在服务型政府的构建中，政府必须主动与人大代表和公民就公共预算编制和执行，进行广泛而深入的对话、互动、沟通，共同促进公共预算改革和国家治理现代化进程。另外，政府必须认识到所有公民都有权参与预算，无论他是普通公民还是精英公民，他们在人格和法律权利上都是平等的，在预算参与权和监督权的行使中也都是值得尊重的，另外，各级政府也必须通过各种方式鼓励公民团体在预算参与和监督中发挥更加积极的作用。

（三）人大代表的职责履行

激发各方动力，按照职责分工发挥作用，对参与式预算及其带来的好处就是使其可持续发展的性能增强。尤其是在当前的体制环境下，人大代表具有体制内参与预算审议和监督的"合法"力量，其肩负的预算职责是由宪法和法律明文规定的：第一，人大代表要提升自己的预算参与责任感和使命感，受人之托，代人理财，不能有丝毫懈怠。第二，人大代表要提升自身参与预算的能力和水平，公共预算工作具有专业性和复杂性，绝不能草率敷衍；只有具备了公共预算的专业知识和技能，在预算审议权力和监督权力行使时才会更加专业和有效。第三，提高对人大代表履职的监督，没有监督就没有压力，没有监督就容易导致预算参与权力行使的扭曲。第四，逐步推行人大代表专职化和独立化，按照人大代表的能力和职业划分不同的公共预算审议小组，对各自擅长的领域进行有效审议；与此同时，领导干部必须与人大代表的身份脱离，不能既当领导还当代表。第五，从长远来看，应该积极推进人大代表的公开化和透明化选举机制建设，"民选代表、代表公民"，决不允许有任何势力对选举和代表人选进行操纵，必须完善人大代表推选机制。第六，探索建立公民对于人大代表的责任追究和最后控制的机制，对不作为、乱作为的人大代表，公民可以依法对其责任追究。第七，也要探索对人大代表的奖励机制，对有作为负责任的人大代表要求激励，让正能量更富有表率作用；既要保障人大代表利益的广泛性，也要鼓励有能力敢担当的公民积极参选。

（四）公民的广泛参与

来自公民的预算参与动力，是参与式预算改革持续发展的源泉。如果离开普通公民的参与能力和参与激情，任何公共预算改革实践都会缺乏生命力。让公民广泛参与到公共预算编制和监督中来，是参与式预算实践的形式也是目标。然而，我国公民对于预算参与历来存在不足，这就是当前我国参与式预算发展的重要障碍。那么，如何搭建参与平台，让更多的普通公民和社会组织积极参与预算审议和监督预算执行，是一项十分重要的内容。只有在"公民参与—话语表达——政府回应"链条融入预算时，参与式预算实践才会具有有效性。

1. 强化对公民权利意识的培养

参与式预算的有效发展依赖于公民权利意识的觉醒，以及由此而来的自发、自觉地预算参与激情。也就是说，有效地预算参与是自发自觉的，而不是被动动员的。由此，预算参与者被赋予了公民权利维护的素养和品德——自主、自我实现、自我教育、自我维权等。第一，在国家层面，要让每个公民切实认识到"自己就是国家的主人",在人民当家做主的国家,任何公民都享有广泛的知情权、参与权和监督权。第二,在公共财政预算层面,要让每个纳税人知道"预算权是天赋的公民权利",任何公民都具有预算权,都应该对事关自身利益的公共财政预算具有知情权、参与权和监督权。第三,着重培育公民的责任意识和主体意识,只有对自己负责的公民,才会对公共预算的公共性负责①。

在推进我国参与式预算发展中,强化对公民权利的培养和维护,就是为了让公民知道,对于公共预算的参与、审议和监督,绝对不是可有可无的,而是事关所有公民的切身利益。公民的预算参与,不仅有助于公民权利的维护,也有助于促进国家治理转型和治理体系建设。

2. 提高公民的参与能力

现代预算系统"涉及众多技术性问题,其编制和实施过程涉及众多领域,具有很强的专业性。由于专业知识的欠缺,公民参与中的不作为和非规范性作为都是制约预算参与效果的极大障碍"②。由此可见,推进我国参与式预算的发展和完善,必须需要预算参与者具备一定的公共预算专业知识和技能。第一,要加大对公民的公共预算知识、技能和流程等的培训。第二,要注重公民社会对公民的参与能力的熏陶。第三,要不怕失败,创造条件让公民和社会团队有预算参与的锻炼机会。举例说,2014年1月10日下午,温岭市泽国镇人大主席团组织召开镇财政预算民主恳谈培训会,镇人大代表、乒乓球摇号抽取的选民代表、参与库代表、智库专家代表等300余人参加了培训会。首先介绍了2014年镇财政预算编制的基本情况,并对2014年的重点项目进行了说明,还邀请了市人大常委会办公室、阳光预算宣讲小组成员作专题辅导。通过这次培训,既增长了代表和参与选民的知识面,又提高了他们的参与能力,也为即将召开的民主恳谈会奠定了良好的基础。

3. 加强对公民参与公共预算的激励

作为一项公共产品而存在的公共预算活动,其本身就存在"某些公众免费搭便车"的可能性。所以,为了保障参与式预算的参与主体的更加广泛性,对一些

---

① 王雍君. 基层预算改革:融入制度化的公民参与 [J]. 中国改革,2010 (4):28.
② 马蔡琛,李红梅. 参与式预算在中国现实问题与未来选择 [J]. 经济与管理研究,2009 (12):75.

普通民众也要给予一定激励，对一些优秀的预算参与者要给予奖励，以此补偿参与者参与公共预算的成本，并激励参与者的责任感和容易感[①]。另外，探索实现把公民参与公共预算纳入公民的信用档案，制定相应的法律来保证此条法规的实现。物质上或者精神上的激励措施，虽然作用有限，但是至少代表国家对于公民参与公共预算的重视。

4. 加强社区和社会团体建设

在现代社会，社区是公民日常生活、工作和学习的重要场所，是聚集民意反映民意的地方，是公民体验"公民身份"的直接场所，也是公共权力延伸的工作平台。在社区成熟发展的基础上，基于社区而建立的社区性社会组织也在开始发展，这本身就是参与式预算在基层实践的社会资本。

社会团体是指围绕一些特定议题而成立的非政府组织。鼓励公民参与民间组织，有助于提高和扩大民间组织政治参与的能力和范围。在国内外的参与式预算实践中，社会团体与社区资源及其社区民意的有效融合，在公民和公民社会参与公共预算的过程中发挥着信息整合、利益协调和服务监督等重要作用。另外，部分社会团体是社会专业认识组成的行业专家组织，其本身也具有某一领域的技术专长和专业咨询功能。社会组织发育的多元化，可以促成权力竞争和互相制约格局的形成，但是必须以公民社会组织之间的均衡为前提。只有相匹配的社会利益格局，才能保证利益博弈的公正性，保障参与式预算实践的有序推进。

（五）形成参与主体多元化的协同治理

让公民广泛参与到预算编制和监督中来，需要保障参与主体的多元化，进而形成协同治理的合力。由于多方面的原因，我国预算民主和预算参与历来发展不足。如何让更多的普通公民和公民组织，积极参与预算审议和监督预算执行，就是当前完善并推进我国参与式预算改革的重要内容。

保障参与主体的多元化，形成合力协同治理，需要做到如下几点：第一，在参与主体的范围方面，要做好预先设计，进而以制度的形式保障参与主体的广泛

---

① 张献勇. 关于公众参与预算制度的思考［J］. 财政研究，2008（01）：35.

性、多元性和代表性,既要有政府人员,也要有普通公民;既要有专业人士,也要有社会团体;既要有行业代表,也要非行业内的公民。第二,既要保障政府在公共预算编制、执行中的主体地位,也要保障人大和公民等在预算审议和监督方面的主体地位,协同治理的理念必须落实在具体权力的运作层面,并在权力执行和监督方面实现利益的整合和管理的协同。第三,最低保障的设计,在预算参与主体多元化下,也必须保障相关利益者对涉及自身利益的关键议题具有充分的话语权和表达权。第四,确保预算参与主体的多元化,需要创新代表选择的形式。比如说,可以探索直接选举、随机抽选和分层抽选等。

三、参与式预算的深化阶段

在参与式预算的深化阶段,完善各个参与环节增强参与式预算的可行性。当前,我国部分地区的参与式预算已经初具程序,但是有些环节仍然需要继续加强改进。参与式预算过程是一个整体,包括预算的制定、执行、监督和审计评估等很多环节,任何一个环节,都对公共预算资源的配置、公民诉求的满足,以及公共预算决策、执行的科学性和民主性产生不可低估的影响。在参与式预算过程中,公民要全过程全方位地参与到预算编制、审批、执行、决算和监督之中。

(一) 扩大参与范围

在我国基层地区参与式预算的几个主要实践中,"哈尔滨和无锡实践模式的参与范围仅仅局限在基础设施建设项目,其所占全部公共预算资金的比重较小;温岭实践模式的参与范围较大,人大能够对全部公共预算进行审议"[1]。另外,由于"在我国的公共预算中不仅包括项目资金,还包括行政运行经费等",在推进参与式预算发展时,就应该在条件成熟的基础上,逐步扩大至公共预算参与的全过程。不仅要达到公民和社会团体能参与公共财政的每一分钱的分配,还要让公民和社会团体能了解每一分公共财政资金的最终去向,以及要让公民可以有效

---

[1] 陈静. 中国参与式预算改革: 比较与启示 [J]. 云南社会科学, 2012 (07): 20.

监督公共资金使用的效率问题。

(二) 明确参与阶段

国内外参与式预算实践的经验表明,明确参与阶段为多元参与体系的构建提供程序上的保障。在我国的参与式实践中,需要对预算的编制、审议、执行、评估和监督等各个阶段,进行进一步的界定和明确。

(三) 拓展参与方式

众所周知,公共预算不是任何一家参与主体的垄断过程,而是一项包含各个利益相关方的协商对话机制①。因此,在推进我国参与式预算发展中,可以大胆使用政策分享和协商民主等多种方式,进行参与方式的创新。当前,我国公民自发形成的预算参与渠道还比较少。只有参与渠道的拓宽,才能促进参与预算实践的深入推进。第一,要积极创新各种预算参与形式,并在一些地区和领域培育社会团体来实现对公民诉求的有效整合;第二,使用报纸、公示栏、电视、网络、广播等各种渠道,保障公民社会的知情权和参与权。具体如表7-3所示。

表7-3　　　　　　　　　　参与式预算的参与渠道

类型	特点
听证	一是公开、透明。举行听证的时间、地点、内容一般事先向社会公布;举行听证时允许公众旁听和新闻媒体采访、报道。二是充分、客观。证组织者要选择各种不同意见的代表参加听证会、陈述意见,使各种不同意见都得到比较充分的反映和表达。三是规范、有序。一般制定有听证规则对听证的发言顺序、发言时间、会场纪律等做出规定,以便保证听证有秩序地进行
座谈	相对于听证,其程序不那么严格,组织也较方便。对象通常是内定的,请谁不请谁由会议的组织者自由裁定,或偏好
论证	论证会是就预算决策事项中专业性、技术性较强的问题,邀请有关方面的专家从科学性、可行性角度进行研究,提出论证意见。论证会制度主要是解决预算决策的科学性问题,论证意见具有较高的权威性,对决策具有重要影响。为保证论证意见的客观、公正,举办单位在邀请论证会参加人员时,应当使持各种不同意见的专家都有代表参加,发表意见

---

① 胡肖华,蒋文龙,陈戈垠.公共预算中公众参与模式比较研究[J].湘潭大学学报,2014 (05):46.

续表

类型	特点
表决	作为间接参与方式，表决是指人大代表对预算草案在审议基础上的表决和人大常委会委员对预算调整方案、决算草案在审议基础上的表决，这是为我国宪法和法律所确认的方式；作为直接参与方式，表决是指一些地方尝试的由公众通过投票方式决定某些预算项目的取舍
民意调查	民意调查是通过了解公众对预算的感受、愿望、倾向、评价、态度和思想观念来把握民心、民意及其发展趋势的一种方式。民意调查可以由国家机关组织，也可以由社会团体组织，其具体形式有走访、调查问卷等
电子政务	电子政务具有简洁、远程、迅速的特点，它可以使公众随时随地了解预算信息，并且可以实现政府、公众在网上的双向互动
列席旁听	列席是行政机关在编制和调整预算时，邀请有关机关、社会团体派人列席会议，参加讨论，发表意见；旁听是权力机关在审议预算草案、预算调整方案、决算草案时，邀请有关机关、社会团体、新闻媒体派人旁听会议，也可以由公民主动向权力机关提出旁听申请，经审查同意后旁听会议

资料来源：Anwar Shah. Participatory Budgeting [M]. The World Bank Washington, D.C., 2007；等。

（四）推行预算公开

"预算公开一小步，社会发展一大步"，预算公开是现代国家预算的应有之义，也是现代国家宪制历程演进的必然产物。公开预算编制过程，预算编制的公开透明是重要前提。尽管如此，"公开和透明的意思并不完全重合，公开不等于透明"。如果在预算公开之后，公民看不懂公共预算的基本内容，也不了解公共预算数字背后的政策和资金走向，那就说明，政府在预算公开方面，没有把有效的信息提供出来，不管是有意还是无意，至少在预算公开的细节上做得不足。"预算的民主化，指的是预算要经过公共参与的过程，要经过代议机关的实质审查同意"[①]。因此，在我国完善并推进参与式预算改革的过程中，必须做好如下工作。第一，本着方便人大代表和普通公民的原则，编制一套科学、通俗、全面的预算信息表。第二，使公共预算编制过程公开化透明化，不能闭门造车，要开门接受人大代表和公众的质询和监督。第三，建立健全吸纳民意的机制，要充分采纳人大代表和普通公民的利益诉求和意见偏好。

---

① 陈静．中国参与式预算改革：比较与启示 [J]．云南社会科学，2012（07）：20．

（五）严肃预算审批

在我国完善并推进参与式预算改革的过程中，需要构建并完善"以人大审批预算为基础的、制度化的、公众有序参与的民主审查预算制度"，在公共预算审查批准环节中，"建立以人大专门委员会主导的事前审查机制，通过公民协商和公开听证等方式保障广大公民参与，保障人大和公众代表能够对预算草案进行专题询问和质疑，保障人大和代表能够对预算有修正提议权"[①]。

四、参与式预算的评议和监督

（一）规范预算执行

在我国完善并推进参与式预算实践的过程中，需要严格规范预算执行。执行力是政府工作的生命力，为确保公共预算执行中的责任性、有效性和合法性，需要加大对公共预算执行的监督和控制。如果公共预算表决通过，那么就应该无条件地严格按照公共预算方案执行，不得擅自随意变更。

第一，对公共预算执行及其结果加强监督，使得公共预算执行规范化。在公共预算的执行及其结果评估上加强监督。一是会前审查，二是大会审查，三是会后监督。前两个程序应该成为改革的重点，会后监督比较薄弱，需要加强。

第二，探索推行公共预算执行跟踪、后评估机制和问责机制，做到公共预算执行中有责必究，有错必改。通过后评估机制，对公共预算执行效果及其所产生影响，进行综合分析、比较、评价和测量，有助于公共预算效率的提升。

第三，在公共预算执行中推行绩效预算，既要实现公共预算的方向性配置，也要提升公共预算资金的使用效率，进而保障参与式预算的有效性。

（二）推进决算公开

在我国完善并推进参与式预算改革的过程中，需要增加公开决算环节。决算

---

① 陈静. 中国参与式预算改革：比较与启示 [J]. 云南社会科学, 2012 (07): 20.

公开比预算公开更重要，比监督预算执行更为重要，它便于人大代表和公民对预决算情况的对照比较，可以说是预算执行监督的延续。公共预算执行的情况，不仅人大财经小组要审查，而且还要交给公民来评价，以此审查政府有没有违背民主恳谈后形成的预算方案。所以，对我国的参与式预算改革来说，公开决算并加强对预算结果的绩效式评估，是一种很好的监督方法。

（三）强化预算监督

在我国完善并推进参与式预算改革的过程中，需要不断强化预算监督，严格实行责任追究。第一，强化人大对公共预算全过程的审查监督权力，避免监督"走过场"和人大权力的"虚化"。第二，完善监督公共预算的法律保障体系，在法治轨道上严格行使监督权。第三，形成公共预算监督的合力，不但人大、人大代表要参与，普通公民和社会团体也要积极参与其中。第四，构建科学的监督考核明细表，能量化的考核尽量要量化，不能量化的考核要引入第三方专业机构的评估。第五，加强媒体的监督力度，要敢于曝光，要敢于形成强大的舆论监督氛围。

五、参与式预算的模式创新

由于公共预算的专业性和系统性，就决定了保障参与式预算发展和完善的有效性，必须需要相应的技术性变革进行协同促进，这就需要参与渠道与途径的拓宽，还需要专业人员和机构的广泛参与，更需要制订周密细致的中长期参与计划，总而言之，这就亟须对参与式预算实践模式进行创新。

（一）推进参与式预算的相关技术性变革

第一，公共预算编制要通俗易懂。在保障公共预算信息全面和真实的前提下，能简化的就要简化，能通俗就要通俗。要站在普通民众的角度，增强公共预算报告的可理解性，使公共预算方案易于理解和便于执行。公共预算是一项非常复杂的过程，铺天盖地的数据和诸多方面的考虑，即使是专业人士也未必能够完全胜任,更不用说普通大众了。如果想要更多的人能够读懂并且积极地为报告提出意见来,政府就需要增进公共预算报告的可读性、可理解性。通过对参与预算材料的缩写,将某些专业性太强的话语删去,使公共预算材料变得通俗易懂,可以提高参与式预算的质量和公众参与的机会,这些经验值得我们学习借鉴。

第二,完善公共预算表决方式。在推进参与式预算发展中,需要切实做好表决方式的改进,无论是举手表决、投票表决,还是电子投票,都应该保障表决方式符合法定的程序和规范,要防止舞弊行为的发生[①]。

第三,改革政府会计制度。建立和完善权责发生制为基础的报告体系,全面和准确地反映国家资产和负债情况,方便社会各界对各级政府的预算情况进行准确评估。需要加快政府会计具体准则及其应用指南、政府会计制度的出台和完善,建立规范、统一的预算会计核算基础和制度,包括对权责发生制运用的具体规定,从而更好地支撑参与式预算的发展和完善。

第四,进一步细化公共预算科目。细化的公共预算科目,也代表着这就是细化的公共预算责任。只有使公共预算科目进一步细化,才能形成对公共预算编制、执行和监督的责任性和可操作性。科目设置规范了,明细了,也就意味着公共预算资金的走向是有账可查和一目了然的。进一步细化公共预算科目,必须把公共预算层次细化到类、款、项、目、节,政府和部门预决算支出要全部细化公开到功能分类的项级科目,基本支出预决算细化公开至经济分类的款级科目,专项转移支付要按照项目按照地区逐一公开。只有细化了的公共预算编制格式,才能促使公共预算决策信息的可读性和可懂性,才能促使公共预算执行的准确性和可执行性,也才能促使公共预算监督的精准性和可操作性。换句话说,因为公共预算编制的细化,也能促使各类预算违法事件能够"一目了然",也可以说,因为"一目了然",也就在一定程度上降低了公共预算违法事件发生的概率,进而也就促进了公共预算决策与执行的科学性和民主性。

(二) 建立参与式预算的专家咨询机构

在我国参与式预算改革实践中,需要构建和打造预算专家咨询机构。由于公

---

① 刘斌. 我国公民有序政治参与研究 [D]. 兰州:兰州大学,2010.

共预算具有很强的专业性，人大代表和普通公民不经过系统培训，很难轻易看懂公共预算数据背后的故事。所以，预算专家咨询机构的存在，有助于为人大代表和普通公民提供客观、科学、公正和有效的决策依据和标准，也有助于节省人大代表和普通公民学习研究预算知识的时间和精力，有助提升人大及其常委会的治理水平。

（三）增加参与式预算的战略规划项目

我国参与式预算的实践范围不能仅仅局限在具体项目上，应该让人大代表和公民有权力参与到国家和地区发展战略规划的编制和编制监督。也就是说，公共预算编制要更加注重统筹发展，处理好当前和长远的关系，既要着眼于当前财政经济形势，也要协调处理好经济建设、民生保障、生态环境等事关长远发展的问题。如果仅仅局限在具体项目上，容易忽视参与式预算在国家治理中的重要作用，不利于各个参与主体对国家治理体系的整体理解和全面把握，也不利于各个参与者站在全局高度系统谋划公共财政和公共预算建设。

（四）构建参与式预算的绩效评价制度

需要建立完善预算绩效评价制度和程序体系，推进公共预算决策、执行和监督等各个环节的绩效化和合法化。建立和完善绩效评估考核体系，对公共预算改革后的参与式预算进行绩效评估，形成相应的奖惩监督机制，将绩效评估与参与式预算改革的进一步完善相结合，有助于认真分析和查找参与式预算推进中的薄弱环节，不断改进参与式预算的改革成果。同时，要与强化预算监督有机地结合，将绩效评估结果作为编制和安排年度预算的重要依据。需要构建参与式预算绩效评价制度，建立完善的评价指标与体系，并结合各地具体情况和推进状况，进一步完善激发社会各方积极性、促进参与式预算效率与公平双实现双保障的绩效评价制度，从而促进参与式预算的良性发展。

第八章

构建我国参与式预算的配套改革

任何公共预算改革的推进都需要在一个系统的环境里,进行各个参与方的合力协同推进,这就需要在主要改革措施和机制之外,进行配套机制的系统设计和协同改革。推进我国参与式预算实践,必须以完善配套改革为重要举措,创造参与式预算发展和完善的保障环境和条件。

第一节 打造参与式预算实践的法治环境

法治化的公共预算是参与式预算顺利发展的重要保障,法治化的公共预算也有助于树立公共预算的权威性和严肃性。当然,法治化的公共预算,也必须以健全的法律体系和法治环境为基础。因此,必须在宪法法律框架之内和人大制度规定的范围内,在公共权力有效运行和公民权利有效保障的均衡中,寻找和培育参与式预算实践的空间和土壤。打造参与式预算实践的法治环境(包含法实质和法程序两个层面),首先有利于参与式预算制度体系的构建;其次有利于参与式预算改革的所有实践探索,做到"有法可依、有法必依、执法必严、违法必究"。总而言之,我国参与式预算的完善和发展,以及公民预算参与权的实现,都需要完备的法治体系来支撑。

一、完善保障参与式预算的法制环境

在参与式预算的立法模式中,"既有直接参与预算的立法模式,也有间接参

与预算的立法模式。前者如瑞士，该国家实行直接民主制度，国民能够通过公民投票复决国会法案。其中，强制性复决要求，凡是全部或者部分修改宪法以及联邦议会通过的与宪法有关的法律，均需付诸公民表决。譬如德国等欧洲国家，有完善的民主制度、发达的社会团体组织，公民的民主意识很高，为参与式预算实施创造了良好的环境基础"[①]。由此可见，推进我国参与式预算的发展和完善，需要加强公共预算的制度化和法制化建设。

在宪法层面，"针对我国宪法对公民参与权规定的不足，可以考虑在宪法第二章公民的基本权利和义务部分明确规定'公民享有通过各种形式依法参与国家事务、公共事务的决策、管理、实施和监督的权利'的条款，从宪法的高度为公民参与预算提供明确的法律依据"[②]。

在部门法层面，则应当考虑在《预算法》中确立公民参与预算的理念和原则，并完善贯彻公民参与预算的相关制度内容，在预算的编制、审议、执行及绩效评估等过程中建立公民参与制度，为公民参与预算提供明确的部门法律依据和程序规则，保障公民在预算中的主体地位，保障公民预算参与权的实现。与此同时，也需要赋予人大对预算不仅有审议权，还要有修正权，这是在实质上避免人大权力"虚化"的重要举措。另外，也需要对公民预算参与的范围、形式、内容、实施程序和操作办法，以及与之相适应的机构设置、人员配备等，在专项法律层面进行规定。

另外，还需要加强法律法规之间的内容衔接，针对现有法律法规中所存在的相互冲突条款进行衔接性修改，譬如《安全法》《档案法》《保密法》等法规中关于预算参与和公开内容的不一致条款，进行修订细化，进一步明确需要参与公开和不便参与公开的范围和内容，从而避免和减少在参与式预算推进执行中产生矛盾和冲突。

[①] 江必新，肖国平. 论公民的预算参与权及其实现[J]. 湖南大学学报，2012（05）：39.
[②] 蔡定剑. 追问政府的钱袋子[J]. 民主与科学，2010（08）：20.

二、出台《公民参与法》和《国家信息公开法》

积极出台《公民参与法》。在《公民参与法》中,建议明确规定每个公民均平等地享有广泛的参与权力,以及明确公民参与的范围、内容、形式和程序;明确规定社会团体在公民社会中的作用和运行合法性。一是规定公众普遍的参与权,即所有年满18周岁的我国公民都有权参与,没有性别差异和地位高低之分,同时允许和鼓励有组织的社会团体在参与过程中发挥重要作用;二是提高预算信息的透明度,详细规定政府应当公开预算的全部收支信息(依法保密的除外);三是无性别歧视,男女平等参与;四是赋予人大预算修正权。人大只有审议权而无修正权,公共预算本质上还是由政府操纵,人大只有形式上的参与,而不能实质参与。

逐步将《政府信息公开条例》上升为《国家信息公开法》。在《国家信息公开法》中,建议明确规定公民和社会组织对于涉及自身相关利益的政务信息均有知情权和参与权;明确规定"国家机密"信息的范围,除此之外都应该定期公开;明确规定有关部门在信息公开中的权利和义务,以及奖惩责任。一是增加公众信息获取权的条款及违反《国家信息公开法》的处罚措施,切实保证公众的信息获取权,推行信息公开。若没有制定处罚措施,此条令形同虚设,信息是否公开完全取决于政府官员的执政理念;二是将属于"国家秘密"范围的信息列举出来以方便公众和信息公开机构明确界定;三是增加对新闻采访权的规定以利于记者和媒体及时获取政府信息向公众进行公开,一方面减少了政府信息公开的工作量;另一方面可以促使公众及时、有效地参与政府事务[①]。

三、增强预算参与的法律救济

当公民预算参与权受到了侵害,如果没有途径可以得到相应的救济,就不会

---

① 江必新,肖国平. 论公民的预算参与权及其实现[J]. 湖南大学学报, 2012 (05): 39.

有公民参与权的切实保障。考虑到我国公民预算参与权在法律救济方面所存在的问题，建议：第一，在行政复议方面，"应当适当放宽行政复议的受案标准，扩大行政复议的受案范围，将侵犯公民预算参与权的行政行为明确纳入到行政复议的受案范围之中，并增强复议机关的独立性和专业性，增强行政复议的公正性"①。第二，在行政诉讼方面，"适时放宽对原告的诉讼主体资格要求，建立行政公益诉讼制度，赋予公民在法定条件下对政府预算违法或不当行为的诉讼权，以更好地发挥行政诉讼制度在保障公民预算参与权方面的作用"②。第三，探索并最终建立符合国情的违宪审查制度，"在法律缺乏规定或现行规定不足以保护公民基本权利时，对公民的宪法性权利提供救济，为公民预算参与权的实现提供最具权威的终极意义上的保障"③。

第二节 推进公共财政和公共预算的深化改革

参与式预算是公共预算改革的重要组成部分，其发展和完善必须依赖于公共财政建设和公共预算制度的发展和完善。十八届三中全会通过的《决定》，提出了财政是国家治理的重要组成部分，并对建立科学的现代财政制度提出了具体要求，即实施全面规范、公开透明的现代预算制度。所有这些改革要求和举措，不仅对参与式预算发展和完善提供了体制机制的保障基础，也对参与式预算完善和发展提出了更高和更具体的改革要求，所以，亟须通过公共财政和公共预算深化改革来进一步促进我国参与式预算的发展和完善。

---

① 王婷婷. 论参与式预算实施的现实瓶颈及其在我国的构建——兼谈我国《预算法》的修改及完善[J]. 政法学刊, 2013（02）：15.
② 颜运秋, 余定祥. 预决算民主的法治障碍及其克服[J]. 湖南科技大学学报, 2011（07）：20.
③ 王婷婷. 论参与式预算实施的现实瓶颈及其在我国的构建——兼谈我国《预算法》的修改及完善[J]. 政法学刊, 2013（02）：15.

一、深化财政分权制度改革

深化财政分权制度改革,在保证对地方财政有效监督的前提下,加强地方财权与事权的匹配,与此同时赋予地方更大的财政自由权。当前,公共预算领域中很多问题存在的根源在于财政体制改革的不到位、权责不明确不匹配,以及政府职能界定的不清晰和职能运转的不规范。世界上大多数国家都实行适度分权与适度集权相结合的多级财政体制,并且财政分权已是世界大趋势。学者马静系统研究后得出结论:在发达国家,财政分权是"后福利国家"时代为低成本提供公共服务而进行政府重组的有效工具;在发展中国家,财政分权旨在挣脱治理无效、宏观经济不稳定和低经济增长的陷阱;在经济转型国家,财政分权是计划经济体制转向市场经济体制的直接结果;在拉丁美洲国家,财政分权源于人民追求民主的政治压力;在非洲国家,财政分权主要是服务于国家统一。

学者贾康指出,1994年之后,我国的财政体制转变可称之为"经济性分权",这是在市场经济的最基本的经济关系——政府和企业、中央与地方这两个方面,首先是真正形成了与市场经济发展内在逻辑相契合的制度安排。另外,还有一项关系即政府(包括中央政府和地方政府)作为公共管理实体的政权体系与公民、与纳税人之间的关系正越来越清楚。在集权和分权的概念下,我国的财政分权改革一定要和现在的顶层设计之下的全面配套改革融为一体。如果在这方面通过地方税体系的建设,把省以下分税制一步一步配套推进,便要进一步注入一种制度安排:走向民主化和法治化。经济社会生活的民主化和法治化,可以缓解社会矛盾,进一步催生中国社会管理的优化,鼓励民间的力量更多参加公共资源配置,包括"第三部门"的发展,促进公私合作伙伴机制更好地发挥作用。另外,该收到中央的权力往中央收;该更好、更彻底下放到地方的,落到地方。中央和地方在总财力盘子中各拿多少比例,是随之生成的,而不应该是事先设定的,不能"因地制宜"地来划定不同地区最主要税种的分成比例。一定要认清听起来似乎有理的"因地制宜"的实质,绝对不能跨过共享税一视同仁这条底线。其他所有因地制宜的事情,要依靠转移支付来解决。中央和地方分享的税收,必须按照 1994 年划定的框架来落实。所有需要进行利益调整、区别对待的东西,通过优化、强化转移支付,包括发展横向转移支付,将之系统化,使之具有可持续性①。本书比较赞同贾康老师的学术观点,因此,需要财力与支出责任相适应的财政分权改革的进一步推进,从而促进公共预算资源的优化配置和社会福利函数的最大化,进而为我国参与式预算发展和完善提供体制机制上的保障。

二、保障地方政府自主财力的充足

从前面章节的论述可以知道,自主财力充足是公共预算改革和参与式预算改革深入推进的前提保障。保障财力充足是规避参与式预算发展风险的重要保障,是有效推进参与式预算系统完善的重要保障。在区域经济发达、财力资源充足的地区,公共财政资源可以更好地投入到公民利益诉求最紧迫的公共服务领域;而对那些欠发达地区来说,主要财政支出就来自上级的转移支付,公共财政就无法顾及公民的诉求和偏好;所以说,在地区财力不足的情况下,即使有了参与式预算也无法保障预算参与的有效性,所以,在推进我国参与式预算改革中,政府必须要拥有足够的财政收入,来保证公民参与预算的顺利实施。

推进参与式预算发展和完善的一个重要条件,就是地方政府拥有充足的财政资金,只有如此,公共部门才能够以有效的财政灵活度和保障力,应对直接参与所带来的政策结果的不确定性和风险性。如果政府财力不足甚至没有足够的财政资源来维系自身的运转,谈何有足够的财力来保障参与式预算实践的正常推进。在地区财力不足的情况下,参与预算民主的实践活动,"对普通公众在一定程度上仍旧属于一种奢侈品"②。由此可见,对中西部地区的转移支付可以适当减少限制性条款,提高一般转移支付的比重,使之对财力能够有更加自主的使用权,从而保障参与式预算在中西部地区的发展和完善有更强的生命力和创造力。

---

① 贾康. 中国财政体制改革之后的分权问题 [J]. 改革,2103 (02):12.
② 马蔡琛. 听马蔡琛讲如何管"钱袋子" [EB/OL]. http://www.world.gov.cn/article/view/2651. htm,2013 - 10 - 30.

三、提高公共财政的透明度

公开透明是公共财政的本质要求，也是公共预算改革的必由之路。预算公开的主要目的，是为了保障公民对于基本预算信息的知情权、参与权和监督权，并且确保政府职责履行的服务性、责任性和有效性。因此，在我国完善并推进参与式预算改革的过程中，必须提高公共财政的透明度，向人大、公民和社会团体等预算参与主体公开正确的、及时的、全面的公共财政信息，使公共预算的编制过程更加公开化透明化。

除涉密信息（涉及国家安全、国防等敏感领域的）外，所有预算草案在提交人大审议之前，都要向社会公开。通过预算草案的公开，可以让公民充分了解并关注公共预算的安排，为公民监督公共预算执行提供信息依据。与此同时，需要完善公共预算编制、审批、执行等基本信息的公开制度，使公共财政收入支出的每一个环节，都能够被人大、人大代表和社会公众所监督。果真如此，不但能够防止公共财政收入支出中的腐败问题，还要有效提升公共财政收入支出的效率。也就是说，只有公共预算编制的公开透明，才能保证公民诉求在公共预算编制和执行中的充分体现①。

四、加强公共财政信息化建设

加强公共财政信息化建设，逐步建设和完善公共财政相关部门的信息系统，实现部门间业务互联和信息共享，建立完备的公共预算编制系统、国库运作系统和信息处理系统、预算执行分析报告系统等；逐步建立专门的公共预算信息发布平台，将所有涉及参与式预算的财政预算信息集中予以发布，提高公共财政信息公开的准确性、全面性和及时性；逐步建立实用性的电子政务公开系统，充分利用现代信息和通讯技术，实现"便捷式"的查询和浏览，降低各个公共财政参与主体

---

① 蔡定剑．追问政府的钱袋子 [J]．民主与科学，2010（08）：20．

信息获取的难度；及时建立并完善公共财政信息的互动回应机制，通过网络回访、信息发布、在线监督等多种形式，畅通公共财政信息在各级政府、财政部门和社会各级之间的沟通渠道。

第三节 推进国家治理现代化进程

通过参与式预算实践的发展和完善，来推进我国公共预算改革和国家治理现代化进程，与我国目前的民主政治建设、政治体制改革、政府职能转变、政府政务公开等系列改革是一脉相承、相辅相成的。也就是说，只有一并推进、协同推进和系统推进这一系列改革，才能使我国参与式预算的发展和完善更加充满生机和活力。

一、推进民主政治建设进程

在我国参与式预算实践中，应该"加强政治民主化建设，拓展政府与公民之间互动治理的平台和工具，发挥公众、社会团体组织、立法机关和行政部门的协同作用；公民参与是政府治理转型和治理能力现代化的有效手段和必然选择"。参与式预算实践所带来的公共预算透明化和公开化，能够让普通公民对公共预算信息具有知情权，并且能够平等地参与其中。

需要切实落实"议行合一"，我国民主政治"议行合一"的基本原则，应该得到贯彻执行。需要按照民主进程的要求，强化人大会议对政府的监督和制衡，特别是在公共预算的编制和执行中的制衡。根据宪法基本法，人民代表大会的权力必须得到切实的维护，必须在名义上和事实上都要成为最高权力机关。

二、完善现行政治行政体制

通过上面章节的分析，我们已经知道，在政治行政体制机制及其内在的互相制衡关系没有理顺之前，任何公共预算的改进都是困难的。因此，应该考虑进行与公共财政制度相匹配的新一轮政治体制改革，以公共财政问题导向的改革，倒逼政治行政体制改革的深入推进。我国的公共预算和参与式预算的发展现状，与我国的政治特色和制度体系有着密切的关系。任何改革都是受制于现行政治行政体制发展惯性的，在制度惯性的作用下，任何改革都不可能一蹴而就，正因为如此，我们更需要对我国的政治行政体制进行系统性的改革。在政治行政体制的协调推进中，我国参与式预算的发展和完善大有可为，发展领域极为广阔。

第一，要理顺各级政府的权力和职能定位，加快政府职能转变，推进服务型、责任型政府建设。服务型政府与公共财政具有天然的统一性，一些发达国家没有组织、人事和编制等部门，而对机构数量和官员规模能在数量上控制住，其重要原因就在于建立机构和增加公务员需要有预算，而预算需要议会批准，这就是政府机构和部门的预算控制，政府是不能自我膨胀的。

政府职能的切实转变是避免公共预算改革流于形式的关键，同样政府权力的合理配置和有效制衡则是避免政府职能流于幻想的关键。在转变政府职能、合理确定政府和市场边界的基础上，进一步明确中央和地方的事权和支出责任。在推进公共预算改革中，若政府权力的配置关系和制衡关系得不到理顺，那么所进行的政府职能变革往往会成为一种不着土壤的幻想。政府权力合理配置和有效制衡的核心理念，并不在于减少多少权力，减少多少机构，减少多少人员，而是围绕推进政府转型这个大方向，将构成政府权力的层级分类、内部体系、协调制衡等进行全面、有机和协调的统筹与重构，以此提高权力层级的规范性、有效性，决策的科学性、可操作性，执行的正确性、高效性，以及监督的公开性、公正性，从而促使政府职能的切实转变和有效履行，进而保障我国公共预算改革的顺利实现。因此，应当重构政府与市场、社会的权力关系，弱化政府微观管理能力，强化宏观调控权力和社会管理权力。在微观层面，政府要充分调动市场主体的积极性和创造性，把本归市场的权力交还给市场，同时，要积极培育社会组织，并充分发挥其在经济社会发展的作用。在宏观方面，需要政府发挥宏观调控的作用，以此避免或减少市场自身不可克服的弱点，促进市场在资源配置中发挥积极作用。另外，政府也要承担起社会管理者的责任，强化社会管理权力，为市场经济的发展和健康有序的社会的构建提供良好的制度条件。当然，在微观上将行政权力的直接管理转变为间接管理的同时，在宏观上也要强化行政权力对宏观经济的调控功能。也就是说，只有政府职能定位准确了，转变完成了，进一步的公共预算改革才能深入推进，参与式预算发展和完善的实效才会更具有可持续性和有效性。

第二，逐步实行决策、执行、监督既三分又制衡的公共权力新体系。当前，在我国政府机构中决策职能、执行职能和监督职能不分现象十分普遍，监督职能往往流于形式，决策职能往往受到利益方的干扰，从而彰显出深层次的问题，那就是政府权力部门化、部门利益最大化。而造成这一现象的重要原因，恰恰就是权力体系内部的决策权与执行权不分家，最后的结果就是，此等问题还会反过来使政府权力部门化、部门利益最大化等问题更加恶化。因此，应该逐步实行决策、执行、监督既三分又制衡的公共权力新体系，这是解决目前无限权力政府弊病的一种必要形式，也是根除政府权力利益化的治本之策，也是遏制权力资本化趋势的有效方法，更是建立和完善我国公共预算体系的重要保障。

第三，审计署应该独立，并向人大负责。这也是世界大多数国家的通用惯例，设在代议制民意机关，工作上完全独立行使对公共资金和公共权力的审计，真正对代议机关负责。公共预算既是各级政府自我管理和自我约束的工具，也是上级政府监督和评估下级政府工作效能的工具。出于这种管理约束和监督评估的双重需要，在我国深入推进公共预算改革中，必须逐步将审计机关从行政部门中独立出来，实现审计署的职能独立（或者垂直管理），并向人大负责。确保审计机关的运转体制不受行政系统的干扰和制约，能够独立、公正地执行审计业务，发布审计报告。完善并确保审计结果公告制度，实时向各级人民代表大会、人大代表、普通民众和社会各界披露审计工作的最新进展。只有这样才能真正避免政府"左手监督右手"，才能使审计作用得到切实发挥，才能保障参与式预算改革的有效性和针对性。另外，需要进一步细化并明确规定国家审计的对象、职能范围、内容和处罚办法等，还需要对公共预算绩效审计的程序、实施、评价和成果运用等进行系统地规范。

三、基层自治的推进与完善

通过基层自治避免单一权力中心对公民偏好的回应性差和不负责任等问题，是当前世界各个国家治理转型的通用做法。因为基层自治的推进和完善，有助于在基层建立多元的交叠管辖治理，从而有助于多元的公共预算决策主体在权力制衡中实现公共预算决策的理性化和责任化。当前，我国"基层财政问题出现的根源，不仅是因为某些地方经济发展不足和财力的匮乏，更主要的原因是基层财政管理的混乱和资金使用不规范，而这一切产生的原因是由于现行的基层财政和财务预算及投资、收入和开支缺乏科学决策机制和有效的民主监督制度"[①]。

所以在参与式预算改革中，必须推进并完善基层自治建设，具体做法如下：第一，增强基层组织政务公开和财务公开的力度，保障基本信息的透明化和真实化；第二，有序推进基层组织的科学管理和民主管理，强化对基层组织的权力约束，使基层组织的权力在公民的监督下有序运行；第三，保障公民在基层组织的知情权、参与权和监督权。

四、构建可持续的政治生态

所谓"政治生态"是指公共权力机构、市场经济、公民和社会团体所能有效达成共识的可能性或者意向性的社会氛围。当我国大多数的政府机构、公民、社会团体都认可参与式预算的价值，都倾向于推进参与式预算的发展和完善，那么，就可以说，推进并完善我国参与式预算发展的政治生态环境已经成熟。在民主政治建设的内容中，参与式预算并不是政府与社会之间对话的唯一方式和途径，还有其他方式和途径是必须需要的。这就要求构建良好的政治生态环境，进而促进参与式预算与其他政治制度，形成互相促进和可持续发展的政治生态。另外，如果在政治环境中能够将民主法治，与现行宪法法律、经济社会体制机制等

---

① 胡肖华，蒋文龙，陈戈垠．公共预算中公众参与模式比较研究［J］．湘潭大学学报，2014（05）：15.

有机结合起来，那么也可以为广大公民和社会组织了解公共预算运作以及思考、辩论和影响公共资源的分配提供机会，从一定意义上讲，这也是为参与式预算的发展和完善构建可持续的政治生态。

从欧美国家的主要参与式预算实践来看，一个国家的改革派即使拥有了非常强大的改革意愿和能力，但是却遭到了大多数的公民、社会团体或者议会成员的抵制，那么在这种政治生态下，所要推进的任何改革举措也不会得到有效地推进和落实。另外，在传统的政治环境中，公民的预算参与权力受到了不受约束的公共权力的严重冲击和形式约束，致使很多公民和社会组织（包括既得利益者）的利益得不到有效维护，甚至受到损害，那么这些公民和社会组织（包括既得利益者）必然也会成为抵制参与式预算继续发展的重要力量。

另外，积极培育和发展可持续的政治生态，需要形成行政执行的多元竞争格局，在公共预算体系内部进行三权（决策、执行和监督）分离的同时，也应积极培育和发展社会中介组织，形成行政执行的多元竞争格局。除有"以权力制约权力"的制衡机制外，还有"以权利制约权力，以社会制约权力"的监督机制，民众和各类社会组织，可以运用手中的选票直接对公共预算权力进行制约，包括公民直接投票表决制度、"公民复决立法"制度、"公民倡议立法"制度等。由此可见，打破传统政治权力的束缚，塑造良好的政治生态环境，有助于参与式预算发展和完善的可持续化。也就是说，只有形成推进参与式预算发展和完善的政治生态环境，我国的参与式预算实践才能更加具有活力和动力。在我国的参与式预算发展和完善中，达成公共预算改革的共识，形成公共预算改革的合力，是件非常重要的大事。那么，在维护国家统一、社会稳定的前提下，党委、人大、政府、公民、社会团体等都需要有维护公共预算权威的自觉意识、责任意识和使命意识，都需要有"致力于找出改进参与的方法，包括降低参与成本和使参与者受益更多的方法，并在参与式预算框架下通力合作以提高和改善我国参与式预算可持续发展的政治生态环境"[①]。

---

① 王雍君．基层预算改革：融入制度化的公民参与[J]．中国改革，2010（04）：27．

参 考 文 献

一、中文参考文献

（一）著作

[1] 蔡定剑. 公共参与风险社会的制度建设 [M]. 北京：法律出版社，2009.

[2] 何包钢. 亚欧参与式预算——中国的参与式预算概览 [M]. 上海：上海人民出版社，2012.

[3] 李良栋. 新编政治学原理 [M]. 北京：中共中央党校出版社，2001.

[4] 王锡锌. 行政过程中公共参与的制度实践 [M]. 北京．法律出版社，2008.

[5] 王雍君. 公共管理预算 [M]. 北京：经济科学出版社，2002.

[6] 俞可平. 治理与善治 [M]. 北京：中国社会科学文献出版社，2000.

[7] 陶东明. 当代中国政治参与 [M]. 杭州：浙江人民出版社，1999.

[8] 马克斯·韦伯. 学术与政治 [M]. 上海：生活．读书．新知三联书店，1998.

[9] 卡罗尔·佩特曼. 参与和民主理论 [M]. 上海：上海人民出版社，2006.

[10] 詹姆斯·罗西. 没有政府的治理 [M]. 南昌：江西人民出版社，2001.

[11] 约翰·托马斯. 公共管理者的新技能和新策略 [M]. 北京：中国人民

大学出版社，2005.

[12] 阿马蒂亚·森. 集体选择与社会福利 [M]. 上海：上海科学技术出版社，2004.

[13] 伊夫·辛多默. 亚欧参与式预算 [M]. 上海：世纪出版社，2007.

[14] 戴维·米勒. 布莱克维尔政治学百科全书 [M]. 北京：中国政法大学出版社，1998.

[15] 塞缪尔·亨廷顿. 难以抉择——发展中国家的政治参与 [M]. 北京：华夏出版社，2006.

（二）期刊

[1] 蔡定剑. 追问政府的钱袋子 [J]. 民主与科学，2010（08）.

[2] 蔡炳华. 推进村务公开和民主管理的新起点 [J]. 中国民政，2005（01）.

[3] 褚燚. 参与式预算与政治生态环境的重构 [J]. 公共管理学报，2007（03）.

[4] 贾康，苏明，申相臣. 地方财政管理机制创新的焦作实践 [J]. 财政研究，2013（06）.

[5] 蒋雪峰. 参与式预算制度设计与人大作用发挥 [J]. 地方财政研究，2011（09）.

[6] 江必新，肖国平. 论公民的预算参与权及其实现 [J]. 湖南大学学报，2012（05）.

[7] 陈家刚. 参与式预算的理论与实践 [J]. 经济社会体制比较，2007（02）.

[8] 陈家刚，陈奕敏. 地方治理中的参与式预算 [J]. 公共管理学报，2007（07）.

[9] 陈家刚. 参与式预算的兴起与发展 [N]，学习时报，2007，01（29）：8.

[10] 陈文波. 政府改革突破口的选择——论推进我国的公共预算改革[J]. 东南学术，2010（12）.

[11] 陈静. 中国参与式预算改革：比较与启示 [J]. 云南社会科学，2012（07）.

［12］陈治. 论我国乡村治理中的参与式预算——价值、困境与法制化出路[J]. 东北师大学报, 2014 (07).

［13］陈奕敏. 参与式预算的温岭模式[J]. 今日中国论坛, 2008 (05).

［14］胡肖华, 蒋文龙, 陈戈垠. 公共预算中公众参与模式比较研究[J]. 湘潭大学学报, 2014 (05).

［15］牛美丽. 公共行政学观照下的定性研究方法[J]. 中山大学学报, 2006 (03).

［16］徐珣, 陈剩勇. 参与式预算与地方治理：浙江温岭的经验[J]. 浙江社会科学, 2009 (11).

［17］徐佳. 中国参与式预算模式的比较及其完善[J]. 北京财贸职业学院学报, 2011 (01).

［18］刘璐, 白建明, 徐曼. 中国、巴西参与式预算实践比较与启示[J]. 商业时代, 2012 (11).

［19］刘再杰, 李艳. 论中国参与式预算实践的经验与启示[J]. 当代经济, 2011 (03).

［20］林敏. 分权治理与地方政府责任研究述评[J]. 浙江社会科学, 2011 (08).

［21］林敏, 余丽生. 参与式预算影响地方公共支出结构的实证研究[J]. 财贸经济, 2011 (08).

［22］李明. 美国地方政府预算参与：理论与实践[J]. 金陵科技学院学报, 2007 (03).

［23］李一花. 美国地方政府参与式预算研究述评[J]. 财经论丛, 2013 (03).

［24］吕侠, 周东明. 论公民参与预算的民主政治——基于中国乡镇预算民主模式分析[J]. 中南民族大学学报, 2013 (02).

［25］马骏. 中国预算改革的政治学：成就与困惑[J]. 中山大学学报, 2007 (05).

［26］马蔡琛, 李红梅. 参与式预算在中国现实问题与未来选择[J]. 经济

与管理研究，2009（12）.

[27] 王绍光，马骏. 走向"预算国家"——财政转型与国家建设 [J]. 公共行政评论，2008（01）.

[28] 王雍君. 参与式预算：逻辑基础与前景展望 [J]. 经济社会体制比较. 2010（3）.

[29] 王雍君. 基层预算改革：融入制度化的公民参与 [J]. 中国改革，2010（04）.

[30] 王淑杰，孟金环. 巴西参与式预算经验借鉴及启示 [J]. 地方财政研究，2011（09）.

[31] 王秀华. 参与式财政预算理论与实践 [J]. 合作经济与科技，2011（02）.

[32] 王婷婷. 论参与式预算实施的现实瓶颈及其在我国的构建 [J]. 政法学刊，2013（02）.

[33] 王逸帅，苟燕楠. 国外参与式预算改革的优化模式与制度逻辑 [J]. 人文杂志，2009（05）.

[34] 杨航. 我国公共预算过程的公民参与性问题探讨研究[J].现代交际，2010（07）.

[35] 杨国斌. 国外参与式预算实践启示与经验借鉴 [J]. 广播电视大学学报，2011（04）.

[36] 杨文涛，任中平. 参与式预算的地方实践：公共预算改革中的焦作模式 [J]. 湖南工业大学学报，2010（10）.

[37] 颜运秋，余定祥. 预决算民主的法治障碍及其克服 [J]. 湖南科技大学学报，2011（07）.

[38] 袁方成. 参与式财政：国外地方治理的实践创新 [J]. 湖北行政学院学报，2006（12）.

[39] 袁政. 公共选择理论研究评述 [J]. 北京航空航天大学学报，2010（02）.

[40] 阮守武. 公共选择理论的方法与研究框架 [J]. 经济问题探索，

2009（11）.

[41] 晏东. 在合法性中累积有效性：地方参与式预算改革的温岭模式研究[J]. 岭南学刊，2013（11）.

[42] 余英. 参与式预算：地方政府预算制度改革模式研究[J]. 特区经济，2008（10）.

[43] 苏振华. 参与式预算的公共投资效率意义——以浙江温岭市泽国镇为例[J]. 公共管理学报，2007（03）.

[44] 朱圣明. 国外参与式预算的实践与探索[J]. 四川行政学院学报，2014（03）.

[45] 张馨. 公共产品论之发展沿革[J]. 财政研究，1995（03）.

[46] 张献勇. 关于公众参与预算制度的思考[J]. 财政研究，2008（01）.

[47] 张瑜，秦亚洲，哲生. 阳光财政的"焦作模式"[J]. 浙江人大，2009（09）.

[48] 赵艳芹. 西方公共产品理论述评[J]. 商业时代，2008（28）.

[49] 左文燕. 浅析公民参与地方人大立法的理论依据[J]. 山西青年管理干部学院学报，2011（04）.

[50] 赵丽江，陆海燕. 参与式预算：当今实现善治的有效工具[J]. 中国行政管理，2008（10）.

[51] 周海欧. 揭开社会选择的神秘面纱——从阿罗不可能定理到现代福利经济学[J]. 北京大学学报，2005（09）.

[52] 任晓兰. 财政预算与现代国家建构研究评述[J]. 天府新论，2014（04）.

[53] 冯霞，苏振华. 公共治理对农村公共产品供给效率的影响机理[J]. 中共浙江省委党校学报，2012（02）.

[54] 邱永文. 困境与出路——民主理论中的政治参与[J]. 中国人民政协理论研究会会刊，2008（03）.

[55] 孔志峰. 预算绩效管理：参与式预算和绩效评价制度的进一步深化[J]. 地方财政研究，2011（09）.

[56] 许峰. 巴西阿雷格里参与式预算的民主意蕴 [J]. 当代世界, 2010 (09).

（三）网络

[1] 李炜光. 以参与式预算改革作为公共财政突破点 [EB/OL]. 爱思想, 2009-10-09, http://www.aisixiang.com/data/detail.php? id=25505.

[2] 马蔡琛. 听马蔡琛讲如何管"钱袋子" [EB/OL]. http://www.World.gov.cn/article/view/2651.htm, 2013-10-30.

[3] 林达尔均衡模型, 智库百科 [EB/OL]. http://wiki.mbalib.com/wiki.

（四）学术论文

[1] 林敏. 参与式预算、分权治理与地方政府责任研究 [D]. 杭州：浙江大学, 2011.

[2] 刘斌. 我国公民有序政治参与研究 [D]. 兰州：兰州大学硕士论文, 2010.

[3] 王熙. 中国参与式预算制度研究 [D]. 北京：中央财经大学, 2010.

[4] 张丽欣. 善治下的公民参与公共预算之问题研究 [D]. 河北经贸大学硕士论文, 2011.

[5] 江月. 预算过程有效性研究 [D]. 北京：中央财经大学, 2011.

二、英文参考文献

（一）著作

[1] Amartya KSEN. Collective choice and social welfare [M]. Amster-dam: North-Holland, 1970: 115.

[2] Buchanan JM, Tullock G. The calculus of consent [M]. AnnAr-bor: University of Michigan Press, 1962: 63.

[3] Barber. Strong Democracy: Participatory Politics for a New Age [M]. Berke-ley: University of California Press, 1986: 433.

[4] Carsten Herzberg, Participation and modernization, Participatory Budgeting in Germany: The example of Berlin-Liehtenberg, Paper presented to International Con-

ferenee Partieipatory Budgeting in Asia and EuroPe, Hangzhou, August 17 – 19, 2009.

［5］Musgrave. Theoriess of Fiscal Crises: An Essay in Fiscal Sociology ［M］, Washington, D. C: The Brooking Institution, 1980: 363.

［6］Simonsen, William & Mark D. Ro bbins. Citizen participation in resource allocation ［M］. Boulder: Westview Press, 2000: 236.

［7］Giovanni Alegretti and Casten Herzberg. Participatory budgets in Europe: Between efficiency and growing loeal demoeracy, TNI Briefing Series; Transnational Institote and Centre for Demoeratie Poliey Making; Amsterdam, (May 2004), P. 8 – 11.

［8］O. Brien Kevin J. Rightful Resistance in Rural China ［M］. Cambridge: Cambridge University Press, 2006: 25.

（二）期刊

［1］Brian Wampler. A Guide to Participatory Budgeting ［J］. Conference on Participatory Budgeting, 2009 (09): 61.

［2］Carol Ebdon. Aimee L. Franklin. Citizen Participation in Budgeting Theory ［J］, Public Administration Review, 2006, (6).

［3］Gordon Tullock. Public decisions as public goods ［J］. Journal of Political Economy, 1971, 79 (4): 913 – 918.

［4］Michael Jensen. Theory of the Firm: Managerial Behavior, Agency Costs, and Ownership Structure ［J］. Journa lof Financial Economics, 1976, (10): 36 – 38.

［5］Rocke. A. Participatory budgeting in the UK: from the "grassroots" to the national agenda ［J］. The Participatory Budgeting Unit, 2008 (09): 120 – 137.

［6］Ron Kluvers, Soma Pillay. Participation in the Budgetary Process in Local Governnient ［J］. The Australian Journal of Public Administration, 2009, 68 (2): 220 – 230.

［7］Robert Keohane and Joseph Nye, Introduction in Joseph Nye and John Donahue ed. . Governance in Globalizing World ［M］. Wash ington: Brookings Institution.

[8] King, Chery Simrell, Feltey. The Question of Participation: Toward Authentic Public Participation in Public Administration [J]. Public Administration Review 1998, 58 (4): 31.

[9] Santos, B. S. Participatory Budget in Porto Aiegre: toward a Redistributive Democracy [J]. Polities and Soeiety, 1998, 26 (4): 44 – 45. Press, 2000: 12.

(三) 电子文献

[1] Tiago Peixoto. e-Participatory Budgeting: e-Democracy from theory to success [EB/OL]. http://ssm.com/abstract = 1273554, 2013 – 03 – 03.